新时代美术教师专业能力高质量发展书系

中小学
美术课程设计
与评价

黎贝蓁　马　健 / 主编

西南大学出版社
国家一级出版社　全国百佳图书出版单位

图书在版编目(CIP)数据

中小学美术课程设计与评价 / 黎贝蓁,马健主编.
重庆：西南大学出版社,2024.7. -- ISBN 978-7-5697-
2404-2

Ⅰ.G633.955.2

中国国家版本馆CIP数据核字第2024HG8939号

新时代美术教师专业能力高质量发展书系

中小学美术课程设计与评价

ZHONGXIAOXUE MEISHU KECHENG SHEJI YU PINGJIA

黎贝蓁　马　健　主编

选题策划｜王玉菊
责任编辑｜邓　慧
责任校对｜徐庆兰
装帧设计｜闻江文化
排　　版｜夏　洁
出版发行｜西南大学出版社（原西南师范大学出版社）
网上书店｜https://xnsfdxcbs.tmall.com
地　　址｜重庆市北碚区天生路2号
印　　刷｜重庆长虹印务有限公司
成品尺寸｜185 mm×260 mm
印　　张｜15.5
字　　数｜350千字
版　　次｜2024年7月 第1版
印　　次｜2024年7月 第1次印刷
书　　号｜ISBN 978-7-5697-2404-2
定　　价｜68.00元

本书如有印装质量问题,请与我社市场营销部联系更换。
市场营销部电话: (023)68868624　68367498
西南大学出版社美术分社欢迎您的赐稿。
美术分社电话: (023)68254657

本书编委会

主　编
黎贝蓁　马　健

副主编
刘应奎　石鹏娟　任洪霖

编　委
陈　晶　庞熙蔚　熊连花　谭佳佳　张薇薇　程子婷
徐　源　温　敬　王粤平　刘宏森　徐小钦　廖春晖
陈　阳　张齐芮　潘喜霞　周　杨　李小林

前言

党的十九大以来,随着社会的进步和发展,教育改革进程加快,国家对美术教育提出了新的要求和期望。2021年9月,教育部印发了《国家义务教育质量监测方案(2021年修订版)》,开始启动第三周期国家义务教育质量监测工作。2022年4月,《义务教育艺术课程标准(2022年版)》正式颁布,对美术课程的建设给出了标准与方向,在评价建议中指出:"要充分发挥评价的诊断、激励和改善功能,促进学生发展。"2023年12月,教育部印发了《教育部关于全面实施学校美育浸润行动的通知》,指出要"构建完善艺术学科与其他学科协同推进的美育课程体系""深化美育评价改革,发挥评价的牵引和导向作用,探索多元化教育评价方式,开展增值性评价、过程性评价、体验性评价、表现性评价、应用性评价,重在关注学生个体成长"。多个政策和文件的陆续颁布,体现着国家对中小学美术教育的高度重视。

中小学美术课程设计与评价是中小学美术课程教学的核心环节,也是中小学美术教师教学能力培养的重要课程。在新的形势下,高等师范类院校需要尽快改进课程教学,以适应社会发展的需要。

《中小学美术课程设计与评价》,以社会主义核心价值体系为导向,以理论联系实际,将OBE教育理念融入中小学美术课程设计与评价之中,强调目标导向理念,注重实际应用,以培养能够熟练掌握美术课程设计与评价方法和技能的美术教师为目标。在编写中注重基本理论,重视方法和过程,提倡自主学习,同时强调课程教学中学习活动的综合性和探索性,注重美术课程设计与评价的紧密关联,旨在使学生在实践和思考中提高美术教学的设计和评价能力,增强对美术教育的热爱和责任感,形成设计优秀美术课程的愿望与能力。

《中小学美术课程设计与评价》作为高等师范类院校基础性教材,在编写的过程中力求做到深入浅出、简明扼要,既注重理论内涵的深刻剖析,又注重实践应用的策略介绍。在编写方法上,以理解中小学美术课程设计与评价基本知识,掌握中小学美术课程设计与评价基本方法为主线,弱化理论的探究,强化实用性和操作性,突出知识点与实际教学的结合,增加对实际案例的分析和解读。本书分为两个既相互关联又相对独立的部分,以递进式结构展开,从对基本概念的认识,到教学方法的阐述,再到实际的应用,形成了一个便于学生理解和掌握的清晰的认知逻辑关系,使学生不仅能够了解知识,还能够掌握方法并应用于实际。

本书前六章为美术课程设计相关的理论和案例。第一章"美术课程与美术课程设计",对义务教育阶段美术课程的概念、性质、特征进行了全面阐述,为义务教育阶段的美术课程设计提供了理论基础。第二章"美术课程设计的形态与类型",阐述了中小学美术课程设计的形态和类型,教师通过系统的学习和实践,可掌握各类美术课程设计的相关知识和技能。第三章"美术课程设计的目标",阐述了美术课程设计旨在培养学生的审美观念、创造力、艺术表现力,以及解决问题的能力、学习迁移的能力等。第四章"基于OBE教育理念的美术课程设计内容与策略",分析了OBE教育理念下的美术课程分层目标与评价、美术课程设计内容与策略。第五章"美术课程设计的原则、过程与方法",阐述了美术课程设计的原则、过程及方法,有助于教师在教学实践中逐步丰富和完善美术教学的全过程。第六章"美术课程设计案例评析",精选四类艺术实践案例,帮助教师更好地理解美术学科课程内容,优化教学设计。

本书后六章为中小学美术课程评价相关的理论和案例。第七章"美术课程评价的作用",分析了中小学美术课程评价对教师的"教"和学生的"学"的重要性。第八章"美术课程评价的目标",探讨了美术课程评价目标的价值和功能,以及预设和生成,可为教师更好地理解和制订评价目标打下基础。第九章"美术课程评价的基本构架",从宏观的角度剖析中小学美术课程评价的基本问题,为美术课堂教学实践探索方法途径。第十章"美术课程评价的设计思路与定位",对美术课程评价的设计思路和定位进行全面分析,以便教师多维度评估学生,采用多样评价方法。第十一章"美术课程评价的方法",主要就美术课程评价的典型方法、选择原则展开系统阐述。第十二章"美术课程案例评析",通过课程评价案例,为教师进行美术课程评价设计和实施提供参考。

本书在重庆市美术教研员黎贝蓁老师、重庆师范大学马健教授的总体设计和引领下,在编写团队的集体努力下,才得以成稿。本书的第一章由任洪霖、庞熙蔚、熊连花编写;第二、三章由谭佳佳、张薇薇、程子婷、徐源编写;第四、五章由刘应奎、温敬、王粤平编写;第六、七章由石鹏娟、刘宏森、徐小钦、廖春晖、陈阳、张齐芮编写;第八、九、十章由潘喜霞、周杨、李小林编写;第十一、十二章由陈晶编写。

本书旨在为中小学美术教师、美术教育专业学生以及其他教育工作者提供一些有价值的理论和案例,为进一步完善美术课程研究提供借鉴。本书在编写过程中得到了重庆师范大学美术学院、重庆市教育科学研究院、西南大学出版社的大力支持,并有重庆市各区教师进修学院美术教研员、中小学校美术教师积极参与,在此向大家表示感谢!本书还参考了国内外研究者的文献,在此一并致谢!

"中国有礼仪之大,故称夏;有服章之美,谓之华。"中国自古以来就有崇尚美、追求美的风尚。时至今日,美术教育对人生观教育、人格的完善、精神境界的丰沛、社会文明的进步更是有着不可替代的作用。作为新课程标准背景下的中小学美术课程设计与评价的探究,美术课程设计与评价的深化和发展,将为新时代的美术教育奏响以美育人的新华章!

目录

第一章 · 美术课程与美术课程设计

第一节　中小学美术课程的概念 ······003
第二节　中小学美术课程的性质 ······013
第三节　中小学美术课程的特征 ······017
第四节　中小学美术课程设计的概念及特点 ······019
第五节　中小学美术课程设计的理论知识基础 ······022

第二章 · 美术课程设计的形态与类型

第一节　中小学美术课程设计的形态 ······029
第二节　中小学美术课程设计的类型 ······032

第三章 · 美术课程设计的目标

第一节　中小学美术课程设计的目标 ······039
第二节　小学美术课程设计的目标 ······041
第三节　中学美术课程设计的目标 ······045
第四节　美术课程设计目标的类型 ······046

第四章 · 基于OBE教育理念的美术课程设计内容与策略

第一节　OBE教育理念概述 ······051
第二节　OBE教育理念下的美术课程分层目标与评价 ······054
第三节　OBE教育理念下的美术课程设计内容与策略 ······058

第五章· 美术课程设计的原则、过程与方法

第一节　美术课程设计的原则……065
第二节　美术课程设计的过程……069
第三节　美术课程设计的方法……073

第六章· 美术课程设计案例评析

第一节　欣赏·评述……079
第二节　造型·表现……089
第三节　设计·应用……103
第四节　综合·探索……113

第七章· 美术课程评价的作用

第一节　美术课程评价的基本作用……125
第二节　教学目标的评价作用……127
第三节　教学过程的评价作用……130
第四节　教学成果的评价作用……134
第五节　教学反思的评价作用……137

第八章· 美术课程评价的目标

第一节　美术课程评价目标概述……143
第二节　美术课程评价目标的价值和功能……146
第三节　美术课程评价目标的预设和生成……153

第九章· 美术课程评价的基本构架

第一节　美术课程评价的基本要素……159
第二节　《义务教育艺术课程标准(2022年版)》的评价建议……165
第三节　美术课程评价的基本类型……172
第四节　美术课程评价的基本方式……177

第十章 美术课程评价的设计思路与定位

第一节 美术课程评价的设计思路⋯⋯185
第二节 美术课程评价的定位⋯⋯190

第十一章 美术课程评价的方法

第一节 美术课程评价方法发展概况⋯⋯197
第二节 美术课程评价的典型方法⋯⋯200
第三节 选择美术课程评价方法的原则⋯⋯207

第十二章 美术课程评价案例评析

第一节 美术课程评价类型的选择⋯⋯211
第二节 美术课程评价目标的确定⋯⋯217
第三节 美术课程评价方法的应用⋯⋯221
第四节 美术课程评价的实施⋯⋯227

参考文献⋯⋯231

后记⋯⋯233

课 程 计 划

（建议 54 课时）

序号	章名	课时
1	第一章 美术课程与美术课程设计	4
2	第二章 美术课程设计的形态与类型	4
3	第三章 美术课程设计的目标	4
4	第四章 基于OBE教育理念的美术课程设计内容与策略	5
5	第五章 美术课程设计的原则、过程与方法	4
6	第六章 美术课程设计案例评析	4
7	第七章 美术课程评价的作用	5
8	第八章 美术课程评价的目标	4
9	第九章 美术课程评价的基本构架	8
10	第十章 美术课程评价的设计思路与定位	4
11	第十一章 美术课程评价的方法	4
12	第十二章 美术课程评价案例评析	4

第一章

美术课程
与美术课程设计

学习目标

- 了解美术课程与美术课程设计的概念、特点及分类。
- 理解中小学美术课程的性质和特征。
- 掌握中小学美术课程设计的相关理论。
- 通过学习为之后的课程设计奠定扎实的基础。

知识导图

美术课程与美术课程设计

- 第一节 中小学美术课程的概念
  - 小学美术课程的概念
  - 中学美术课程的概念

- 第二节 中小学美术课程的性质
  - 小学美术课程的性质
  - 中学美术课程的性质

- 第三节 中小学美术课程的特征
  - 小学美术课程的特征
  - 中学美术课程的特征

- 第四节 中小学美术课程设计的概念及特点
  - 小学美术课程设计的概念及特点
  - 中学美术课程设计的概念及特点

- 第五节 中小学美术课程设计的理论知识基础
  - 心理学理论知识
  - 教学方法知识
  - 美术专业知识
  - 综合知识

第一节
中小学美术课程的概念

> **思考**
> 1. 什么是中小学美术课程？阐述其形式和特点。
> 2. 中小学美术课程的要素有哪些？

课程，英文为Curriculum，牛津字典、韦氏词典等工具书将其定义为"学习的进程"，简称"学程"。我国宋代朱熹多次使用"课程"这个词，如"宽着期限，紧着课程""小立课程，大作工夫"等。如今，学界对课程的解释有两种：一种是狭义的理解，即单指某一门学科，如语文课程、数学课程、美术课程，等等；另一种是广义的理解，即指学生在学校应学习的所有学科及其进程，包括学校有步骤、有规划、有目的进行的教育活动。

美术课程是以美术学科知识为讲授对象的课程，从育人取向的角度看可分为两类：一类是以培养专业美术人才为目的的美术教育，另一类是以培养学生审美能力与美术素养为目的的美术教育。第二类美术教育不是单纯的美术知识教育和美术技能教育，其重点在于人文素养和审美素质的培养。

本教材中所说的中小学美术课程，是特指义务教育阶段的美术课程。中小学美术课程需要以义务教育课程方案和课程标准为指导，通过对课程内容有组织、有计划的实施，进行以提高学生美术核心素养、促进学生全面发展为目的的教育活动。《义务教育美术课程标准（2011年版）》将美术课程划分为"造型·表现""设计·应用""欣赏·评述""综合·探索"四个领域。《义务教育艺术课程标准（2022年版）》将课程目标划分为"核心素养内涵""总目标"和"学段目标"三个部分，其中"核心素养内涵"是导向，"总目标"规定了学生经过义务教育阶段美术课程的学习后应达到的目标，"学段目标"则是"总目标"在各个学段的细化。总体来看，艺术课程的设计思路包括以下三个方面：

第一，适应学生发展，分段设计课程。

为遵循艺术学习规律，体现学生身心发展的阶段性、连续性特点，义务教育艺术课程分为三个阶段：第一阶段（1—2年级）以艺术综合为主，体现从幼儿园综合活动到小学分科课程的过渡与衔接；第二阶段（3—7年级）以音乐和美术为主，有机融入姊妹艺术，为学生掌握较为全面的艺术基础知识和基本技能奠定基础;第三阶段(8—9年级)开设艺术选修,帮助学生掌握1—2项艺术特长,与高中的模块化教学相衔接。

第二,聚焦核心素养,组织课程内容。

艺术课程聚焦审美感知、艺术表现、创意实践、文化理解等核心素养,围绕欣赏(欣赏·评述)、表现(造型·表现)、创造(设计·应用)和联系/融合(综合·探索)四类艺术实践活动,以任务驱动的方式遴选和组织课程内容。课程内容坚持以中华优秀传统文化为主体,讲好中国故事,吸收、借鉴人类文明优秀文化成果,追求精神高度、文化内涵、艺术价值相统一。

第三,体现艺术学习特点,优化评价机制。

围绕艺术学习的实践性、体验性、创造性等特点,艺术课程将学生的课程学习与实践活动情况都纳入学业评价,明确评价依据,创新评价的任务设计、题目命制和评价方式;强调评价的统一要求,重视艺术学习的过程性、基础性考核与评价;尊重艺术学习的选择性,以学定考,根据学生的选择进行专项考核,体现教、学、评的一致性。

艺术课程通过分段实践活动达到以美育人的目的,发挥培育学生审美素养和人文素养的重要作用;引导学生了解美术的历史和文化内涵,形成艺术经验和艺术能力,获得尊重、关怀、友善、合作、分享等人文素养,促进个性的完善与发展;重视美术课程体验,强调美术课程的实践导向,从而提高美术素养和创造能力,促进学生身心健康及全面发展,更好地将知识转化为素养。

一、小学美术课程的概念

小学美术课程是按照义务教育课程方案和课程标准的规定,面向义务教育阶段1—6年级学生开设的通识性必修美术课程。小学美术课程是以教育为手段,以美术为媒介,根据小学不同阶段学生的身心发展需求,有目的、有计划、有组织地对小学生进行各种形式的美术教育,培养小学生的美术核心素养,并提高小学生的综合素养、完善学生人格的学科。

小学美术课程是义务教育阶段1—6年级所开设的必修艺术课程,是学校实施美育的重要途径。它对于陶冶情操,提高美术文化素养,培养创新精神和实践能力,促进学生德智体美劳全面发展具有重要作用。小学美术课程包括四个要素。

(一)目标

在不同学段,小学美术课程具有不同的目标。

第一学段的目标包括:能感知身边的美,认识美存在于我们周边,初步形成发现、感知、欣赏美的意识;能使用不同的工具、材料和媒介,按照自己的想法,以平面、立体或动态等表现形式表达所见所闻、所感所想;学会从外观和使用功能等方面了解物品的特点,能针对某件物品的设计提出自己的改进意见,并进行装饰和美化,初步形成设计意识;能利用不同的工具、材料和媒介,体验传统工艺,学习制作工艺品,知道中国传统工艺是中华民族文化艺术的瑰宝,增强中华民族自豪感;能积极参与班级或小组开展的美术与姊妹艺术及其他学科相结合的造型游戏活动,初步形成综合探索与学习迁移的能力。

第二学段的目标包括:能运用造型元素、形式原理和欣赏方法,欣赏、评述艺术家的作品,感受中外美术作品的魅力;能运用传统或现代的工具、材料和媒介,创作平面、立体或动态等表现形式的美术作品,表达自己的所见所闻、所感所想,学会以视觉形象的方式与他人交流;了解"实用与美观相结合"的设计原则,为班级、学校的活动设计物品,体会设计能改善和美化我们的生活;能利用不同的工具、材料和技能,制作传统工艺品,学习工艺师敬业、专注和精益求精的工匠精神;能将美术与自然、社会及科技相融合,探究各种问题,提高综合探索与学习迁移的能力。

(二)内容

小学美术课程的内容包括"欣赏·评述""造型·表现""设计·应用"和"综合·探索"四大类。

第一学段的主要内容有:(1)欣赏身边的美,包括观赏周边自然环境中的山水、树木、花草、动物等,感知其形状美、色彩美和肌理美,体会美存在于我们周围的环境之中;识别学校或社区公共场所中常见的标识,从线条、形状、色彩的角度进行分析,了解其用途和所传递的信息;观赏我国与世界各国表现儿童生活的美术作品,运用线条、形状、色彩、肌理等造型元素,以及对称、重复等形式原理,进行欣赏、评述,了解不同国家的儿童生活。(2)表达自己的感受,包括尝试用毛笔等工具,在宣纸上进行水墨游戏活动,体验笔墨趣味;尝试利用图形的对印,在各种材质的纸上进行表现,体会对称的形式原理;通过剪贴、刻画,用拓印、压印等方法制作版画;根据自己的观察与感受,尝试用纸、泥等材料,通过折、叠、揉、搓、压等方法,塑造立体造型作品;选择自己喜欢的玩具或制作的泥塑,尝试用数码相机、摄像设备拍摄,制作定格动画作品。(3)改进生活用品,包括从形状、色彩、比例、材料和使用功能等方面欣赏日常生活用品;针对自己或他人的一件生活用品,根据外形和使用功能等,提出改进意见,进行装饰和美化。(4)体验传统工艺,包括在体验传统工艺和制作工艺品时,了解材料的特点,如粗糙、柔滑、坚硬等;运用撕、剪、编织等方法制作工艺品,如剪纸、小挂饰等;知道中国传统工艺来自民间,是中华民族文化艺术的瑰宝。(5)参与造型游戏活动,包括利用画笔或计算机,运用线条、形状、色彩等造型元素,以及对称、重复等形式原理,为自己设计名片,为参加小组或班级活动的同学设计席卡等;围绕庆贺生日、过新年、关爱、环保等主题,创作头饰、面具、布景等,以舞蹈、戏剧、动画等形式进行展演。

第二学段的主要内容有:(1)感受中外美术的魅力,包括欣赏中外著名艺术家的美术作品,如绘画、雕塑、书法、篆刻、摄影、设计、建筑、媒体艺术等,了解不同美术门类的特点;欣赏中国民间美术作品,如剪纸、皮影、年画、泥塑、刺绣、蜡染等,了解作品的材料、用途和特点。(2)表达自己的想法,包括通过调和不同的颜色,认识原色、间色、复色、对比色和邻近色的特点;观察室内或室外物体在空间中"近大远小"的变化规律,了解平行透视的知识;根据自己对生活的感受与想法,使用不同的工具、材料和媒介,采用写实、夸张等手法进行表现;在中国画学习中,尝试运用毛笔、宣纸等绘画工具和材料,体验笔法(中锋、侧锋)、墨法(焦、浓、重、淡、清)的特点;在吹塑板、雪弗板、木板等材料上,通过剪贴、针刻、雕刻的手法,以及拓印、压印等方法,创作黑白或套色版画;根据自己的想象与构思,用纸、泥等材料,以及折、叠、捏、塑、组合等方法,塑造立体造型作品;选择身边的物品或自己制作的泥塑作品,用数码相机、摄像设备拍摄,结合计算机动画软件制作定格动画作品。(3)装点我们的生活,包括观察学习与生活用品,了解"实用与美观相结合"的设计原则,从舒适、美观和便利的角度,发现其不足之处,用手绘草图等形式呈现自己的改进想法;从实用、美观和环保的角度,为物品进行包装设计;利用画笔或计算机,运用造型元素和形式原理,为班级或学校的活动设计标识、请柬、贺卡、图表、海报等。(4)学做传统工艺品,包括在欣赏民间工艺品时,了解其特定的制作方法,体会工艺师敬业、专注和精益求精的工匠精神;通过剪、刻、折、叠、卷曲、捏塑、插接等方法制作工艺品,如剪纸、编织、刺绣、印染、陶艺、风筝、民间玩具等。(5)融入跨学科学习,包括探究身边环境中存在的问题,综合运用不同学科的知识、技能和思维方式,创作图画书、摄影作品、动画、微电影或戏剧小品等,提出解决环境问题的思路与方案,并进行展示与交流;结合生活中常见的或具有地域特色的中华优秀传统文化内容,综合运用不同学科的知识、技能和思维方式,绘制民俗文化图谱或视觉笔记;创作画册、摄影集、动画或微电影等;设计与制作文创产品,策划传播方案,并进行展示与交流;尝试通过图形化工具,运用简单的程序语言,设计日常物品与居室环境,体验编程与设计的关系。

(三)教学

小学美术教学要以立德树人为根本任务,以核心素养为导向。教师要深入了解美术课程的性质、理念、目标、内容、学业质量,充分考虑小学生的身心发展、个性特点和学习经验,设计并实施教学。

小学低段教学要注意幼儿园与小学的衔接,注重引导学生感知身边的美,并大胆地表达自己的情感、想象和理解,激发他们表现美、创造美的兴趣,肯定和接纳他们独特的审美感受和表现方式,对其欣赏方法和表现方式给予适时、适当的指导,培养小学生"造型·美术"学习习惯,基于低段学生的身心特点和学习能力,开展生活化、情境化、趣味化、综合化的"造型·美术"学习活动。

对于小学高段的学生,要以"感受中外美术的魅力"为起点,学习中外艺术家的思维方式与表现技巧,将其运用到各个学习任务中去,再逐渐过渡到"融入跨学科学习"综合探索活动,培养小学生的美术学习习惯,结合小学高段学生的身心特点和学习能力,围绕与学生日常生活经验相关的美术学习活动及综合化的学习活动,开展探究性学习、自主学习、合作学习,以及基于问题的学习、基于项目的学习等。

(四)评价

评价是检验、提升教学质量的重要方式和手段。要充分发挥评价的诊断、激励和改善功能,促进学生发展。评价涉及学习态度、过程表现、学业成就等多方面,贯穿美术学习的全过程和美术教学的各个环节。

教学评价环节要注意以下方面:(1)坚持素养导向,围绕核心素养内涵、总目标和学段目标,依据课程的内容要求、学业要求和学业质量标准,进行全面、综合的评价,既要关注学生掌握艺术知识、技能的情况,更要重视对价值观、必备品格、关键能力的考查。(2)坚持以评促学,倡导评价促进学习的理念,关注学生真实发生的进步,捕捉、欣赏、尊重学生有创意的、独特的表现并予以鼓励,不断加深学生的艺术体验,引导学生发现自己的艺术潜能,合理运用评价结果改进学习,发展自己的艺术特长。(3)重视表现性评价,围绕艺术学习的实践性、体验性、创造性等特点,注重观察、记录学生在艺术学习、实践、创作等活动中的典型行为和态度特征,运用作品展示、技艺表演等形式,对学生的艺术学习情况进行质性分析,同时兼顾其他评价方式的应用。注重引导学生对自己的学习历程进行写实记录,丰富评价内容,提高评价的全面性、准确性。(4)坚持多主体评价,充分发挥学校、教师、学生、家长等不同评价主体或角色的作用,形成多方共同激励的机制,增强学生学习艺术的动力和信心。

小学美术学习评价是小学美术教学评价的主要部分之一,是根据一定的评价标准,采取一定的评价方法,对小学生美术学习的过程及结果进行评价与判断,其目的在于:(1)检验小学生的学习成果,看是否达到了预期的教学目标,教学任务是否得以实现。(2)对小学生美术学习的成就和进步进行评价,改善小学生对美术的态度、情感和价值观,促进小学生的美术学习。(3)提供美术教学信息反馈,改善教师的教学过程,提高美术教学质量。(4)引导美术教学方向,主要表现在学生学习方向、学习重点、学习时间分配,以及教师的教学目标、教学重点等方面。(5)调控美术教学进程,小学美术教学评价对教学活动、教学进度具有调控作用,主要表现为对教学方向、目标、进度等的调整。

有效的美术学习评价应注重学生美术学习能力、学习态度、情感和价值观等各方面的发展。评价标准要体现多维性和多级性,适应不同个性和不同能力的学生,帮助学生了解自己的学习能力和水平。完整的美术教学评价体系包括形成性评价、终结性评价和表现性评价。形成性评价通过学习过程来进行价值判断,终结性评价通过学习成果来进行价值判断,表现性评价通过表现性任务来进行价值判断。小学生的美术学习评价要依据艺术课程标准进行,注重小学生美术学习表现的评价,采用多种评价方式,鼓励运用美术学习档案袋、展示和课堂讨论等质性评价方法。

二、中学美术课程的概念

中学美术课程是指按照义务教育课程方案和课程标准的规定,面向义务教育阶段7—9年级学生开设的通识性必修美术课程。根据《义务教育艺术课程标准(2022年版)》,中学美术课程以学习活动方式划分适应中学生的美术学习领域,加强学习活动的综合性和探索性,让学生在体验中发展观察能力、想象能力和创造能力,从历史和文化角度分析美术作品,并传承与发展文化遗产,从而增强爱党爱国爱社会主义的情怀。

中学美术课程侧重于向初中生展示全面多样的美术形式,激发他们的学习兴趣。初中生有了更广泛的知识结构和情感需求,能够更好地运用各种工具和材料进行创作,表达情感和思想,改善环境与生活,通过跨学科的"综合·探索"活动,增强解决问题的综合能力,也能从"大美术"的角度理解美术。中学美术课程包括四个要素。

(一)目标

能运用造型元素、形式原理和欣赏方法,欣赏、评述世界不同国家和地区的美术作品,领略世界美术的多样性和差异性,养成尊重、理解和包容的态度。

能运用传统与现代的工具、材料和媒介,以及习得的美术知识、技能和思维方式,创作平面、立体或动态等表现形式的美术作品,提升创意表达能力。

能根据"人与自然和谐共生"的设计原则,对学校或社区进行环境规划,增强社会责任意识。

能利用不同的工具和材料,制作或创作工艺品,体会传统工艺"守正创新"的内涵与意义。

能结合校园现实生活创编校园微电影,将不同学科的知识融为一体,增强综合探索与学习迁移的能力。

了解美术产生的背景及不同时代、地区、民族和国家的美术特征,知道中国古代经典美术作品,以及近现代反映中华民族追求独立解放和党团结带领人民进行革命、建设、改革的美术作品,增强对伟大祖国、中华民族的情感,传承红色基因,坚定文化自信,形成开放包容的心态和人类命运共同体意识。

能创作平面、立体或动态等表现形式的美术作品,创造性地表达对自然与社会的感受、思考和认识,发展创造性思维能力。

了解"设计满足实用功能与审美价值,传递社会责任"的设计原则,能为学校或社区的学习与生活需求设计作品,形成设计意识,增强社会责任感。

了解非物质文化遗产的含义,制作传统工艺品或文创产品,认识继承与发展文化遗产是我们的责任。

理解美术对个人发展、社会进步及构建人类命运共同体具有独特的作用,进一步提升综合探索与学习迁移的能力。

(二)内容

中学美术课程内容分为"欣赏·评述""造型·表现""设计·应用"和"综合·探索"四大板块,具体内容包括:

(1)领略世界美术多样性,包括欣赏世界各国古代与现代艺术家的绘画、雕塑、书法、篆刻、摄影、设计、媒体艺术作品,学会运用感悟、讨论、分析和比较等方法欣赏、评述美术作品,感受世界美术的多样性;通过欣赏剪纸、皮影、面具、泥塑、刺绣、蜡染等不同国家的民间美术作品,了解其所使用的材料、用途和特点;运用形状、色彩、空间等造型元素,以及对称、节奏、比例、变化、统一等形式原理,欣赏、评述各国不同民族的建筑,领略各民族的智慧与深厚的文化底蕴。

(2)传递我们的创意,包括学习冷色调、暖色调、互补色、对比色等方面的色彩知识,体验不同色彩所带来的不同感受;分析圆形、S形、三角形等构图形式的美术作品,体会不同构图形式的美感;从不同角度观察立方体物品,了解平行透视与成角透视的区别;使用不同的工具、材料和媒介,采用写实、夸张、变形等手法,表现自己对生活的感受和认识;学习中国画的白描或写意画法,创作花鸟画、山水画作品;在吹塑板、厚纸板、雪弗板、木板、陶泥板、石膏板、铝塑板等材料上,创作黑白或套色版画;根据自己的想象与构思,用纸、泥等多种材料,通过折、叠、捏、塑、组合等方式,塑造动物、人物等雕塑作品;运用简单手绘动画的方法,或选择身边的物品、制作的泥塑等,用数码相机、摄像设备拍摄,并结合计算机动画软件制作动画作品。

(3)营造环境,包括了解环境设计的定义、类别、要素和方法,领会"人与自然和谐共生"的设计原则;运用环境设计的知识与原则,对班级、学校或社区公共空间等进行环境考察,撰写调研报告,提出自己的见解;根据调研中发现的问题,提出改进建议,用手绘或计算机制作等方式绘制草图,利用废弃物品制作模型,进行展示与交流;根据不同活动的需要设计海报、请柬、封面、书籍装帧或统计图表等。

(4)传承传统工艺,包括了解传统工艺的主要流程,认识每一种传统工艺都值得我们保护与传承;运用剪、刻、折、叠、编、卷曲、捏塑、磨制等方法制作工艺品,如剪纸、编织、刺绣、印染、陶艺等。

(5)创编校园微电影,包括聚焦校园生活,观察、发现、记录校园中的人物、事物和景物,提炼主题,编写校园微电影脚本,在文字描述或手绘草图中体现画面感和空间感;分配角色,布置场景,运用长镜头、特写镜头等表现手法进行拍摄,捕捉环境中变幻的光影,体验运动的时空,体会虚拟故事与现实生活的异同之处;运用蒙太奇手法,使用制作软件,进行画面、对白和声音等的后期制作,创造优质的画面叙事效果;策划校园微电影作品发布与传播方案,设计与制作标识、海报、请柬等,进行校内外展示与交流。

(6)概览中外美术史,包括欣赏我国古代不同时期的经典美术作品,了解中国美术源远流长的历史,以及中国美术为世界美术作出的贡献;欣赏我国近现代不同时期的美术作品,领悟中国共产党为实现中华民族伟大复兴的历史使命,团结带领人民进行艰苦卓绝的斗争,谱写气吞山河的壮丽史诗;欣赏世界不同地区、不同时期的美术作品,了解世界各国美术发展的历史,体会世界美术的多样性,领悟文明因交流而多彩、文明因互鉴而丰富;在欣赏过程中,运用线条、形状、色彩、肌理、空间、明暗等造型元素,以及对称、重复、对比、节奏、均衡、比例、变化、统一等形式原理,辨析世界主要的美术流派,如古典主义、浪漫主义、现实主义、印象主义、现代主义等,感受不同美术流派的特点;了解知识产权的知识,知道在利用图像作品和文字资料时,须尊重他人的知识产权。

(7)表现无限创意,包括学习有关色彩三要素、色彩情感特征等方面的知识;分析圆形、S形、三角形、横线、垂线、对角线、十字形等构图形式的美术作品,知道不同构图形式带来的美感;观察立方体和圆柱体,学习成角透视、圆面透视方面的知识;了解中国画有关形似、神似的概念,以及三远法(高远、平远、深远)、勾勒、点厾、没骨等术语;学习中国画的工笔或写意技法,创作花鸟画、山水画、人物画作品;根据自己对生活的感受与认识,使用不同的工具、材料和媒介,采用写实、夸张、变形、抽象等手法创作美术作品;在吹塑板、厚纸板、雪弗板、胶片、木板、KT板、陶泥板、石膏板、铝塑板等材料上,创作版画作品;根据自己的想象与构思,选用泥、纸、木材、金属丝及废弃物品,用雕刻、塑造、组装等方式创作雕塑作品;以个人或小组合作的方式编写脚本,运用手绘动画的方法,或选择身边的物品、制作的泥塑等,用数码相机、摄像设备等拍摄,并结合计算机动画软件制作配有音乐的动画作品。

(8)我们与设计同行,包括根据班级、学校或社区的不同需求,用手绘或计算机制作等方式,设计标识、海报、统计图表、手绘地图、书籍装帧、校服或拍摄动画、微电影等,理解形式、功能和社会责任相统一的设计原则;对所居住地区的革命遗址、古建筑或古村落进行调研,了解其在历史上的作用,撰写调研报告;根据调研中发现的问题,用手绘草图或立体模型等方式提出改进方案,并进行展示与交流。

(9)继承与发展文化遗产,包括收集中国非物质文化遗产方面的资料,了解其基本概念和情况,感悟继承与发展文化遗产是我们应尽的责任;学习剪、刻、折、叠、编、卷曲、捏塑、焊接等传统工艺的制作方法,制作工艺品,如剪纸、编织、刺绣、印染、陶艺,以及竹木、金属材料的作品等;结合不同地域的中华优秀传统文化特色,设计文创产品及其识别系统,如旅游纪念品,或为庆典、博览会、运动会等设计形象一体化的识别系统。

（10）理解美术的贡献，包括多角度探究美术在过去、现在和未来对推动政治、文化、经济、科技发展方面的作用；综合运用美术与其他学科的知识、技能和思维方式，围绕"美术的贡献"，创作绘画作品、雕塑作品、图画书、视觉笔记、立体模型、动画、微电影等；策划展示方案，进行校内外展示与交流。

（三）教学

教学策略方面：

6—7年级的教学以"领略世界美术的多样性"为起点，引导学生学习中外美术家、设计师、工艺师的思维方式与表现技巧，将其运用于"传递我们的创意""营造环境""传承传统工艺"学习任务，以及"创编校园微电影"综合探索活动中。5项学习任务，既各有侧重，又相互联系。

8—9年级的教学以"概览中外美术史"为起点，引导学生学习中外美术家、设计师、工艺师的思维方式与表现技巧，将其运用于"表现无限创意""我们与设计同行""继承与发展文化遗产"学习任务，以及"理解美术的贡献"综合探索活动中。5项学习任务，既各有侧重，又相互联系。

情景素材方面：

6—7年级教学时，教师要创设丰富多彩的教学情境，综合运用多种教学方法和形象直观的教学手段，结合6—7年级学生的生活经验，围绕本学段的学习任务，发掘与学生生活经验相关或学生感兴趣的素材，如"世界美术之旅""中国画的魅力""科学幻想""校园美术馆""点亮乡村计划""校园中的故事"等。

8—9年级教学时，教师要创设丰富多彩的教学情境，综合运用多种教学方法和形象直观的教学手段，结合8—9年级学生的生活经验，围绕本学段的学习任务，发现与学生生活经验相关或学生感兴趣的素材，如"美术对社会发展的贡献""美丽大数据""和谐社区改造计划""中国文化传播""社区、公共空间的过去、现在与未来"等。

学习活动方面：

结合6—7年级学生的身心特点和学习能力，围绕与学生日常生活经验、社会经验相关的美术学习活动及综合化的学习活动，开展探究性学习、自主学习、合作学习，以及基于问题的学习、基于项目的学习、基于案例的学习等。在条件允许的情况下，带领学生访问中国美术家、设计师和工艺师，进行实地考察。

结合8—9年级学生的身心特点和学习能力，围绕与学生日常生活经验、社会经验相关的美术学习活动及综合化的学习活动，引导学生开展探究性学习、自主学习、合作学习，以及基于问题的学习、基于项目的学习、基于案例的学习和社区服务学习等。在条件允许的情况下，带领学生访问美术家、设计师和工艺师，进行实地考察。

（四）评价

评价是检验、提升教学质量的重要方式和手段。要充分发挥评价的诊断、激励和改善功能，促进学生发展。评价涉及学习态度、过程表现、学业成就等多方面，贯穿美术学习的全过程和美术教学的各个环节。美术课程评价是依据《义务教育艺术课程标准（2022年版）》的价值取向和教育目标，通过系统收集、分析相关的信息资料，运用一定的评价技术和手段，对课程的计划、教学要求、教材使用以及课程活动、达到的程度、最终效果，做出价值判断的过程，也是促进学生全面发展、改进教师教学、促进美术课程不断发展的重要环节。

中学美术学习评价是中学美术教学评价的主要部分之一，根据一定的评价标准，采取一定的评价方法，对中学生美术学习的过程及结果进行评价与判断，评价主体可以是学生、教师、学校、家长、社区人士等各类人群，其目的在于：

（1）检验初中生学习成果，看学生是否达到了预期的教学目标，教师的教学任务是否得以实现。

（2）对初中生美术学习的成就和进步进行评价，改善学生对美术的态度、情感和价值观，促进初中生的美术学习。

（3）提供美术教学信息反馈，改善教师教学过程，提高美术教学质量；也为初中生了解自己的学习情况提供反馈信息，学生可以清楚地了解自己在美术学习中的长处和短处。

（4）引导美术教学方向，主要表现在学生学习方向、学习重点、学习时间分配，教师的教学目标、教学重点等方面。

（5）调控美术教学进程。中学美术教学评价对教学活动、教学进度具有调控作用，主要表现为对教学方向、教学目标、教学方法、教学环境的调整等。

学习小结

通过本节的学习，我们对美术课程有了整体的认识和理解，了解了中小学美术课程的差异，认识到中小学美术课程的重要性。

练习实践

1. 分析中学与小学美术课程设计目标的异同。
2. 思考你是如何理解美术课程设计的基本意义的。

第二节
中小学美术课程的性质

我国中小学的美术课程长期受专业美术教育的影响,形成了以学科为中心、强调学科本位、偏重技能训练、目标定位不确切等现象。导致这些现象的重要原因之一,就是对中小学美术课程的性质认识不全面。因此,正确认识中小学美术课程的性质是中小学美术课程设计的基础。

改革开放以来,我国的中小学美术教育伴随着改革开放的步伐,在摸索中不断前行,逐渐形成了较为完善的体系,但由于历史观念等原因,美术课程中还存在不少与素质教育不适应的地方,例如过于强调美术专业知识和技能、与学生的实际生活脱节、课程缺乏综合性和多样性等。这些都是迫切需要改变的地方。《义务教育艺术课程标准(2022年版)》整合了音乐、美术、舞蹈、戏剧(含戏曲)、影视(含数字媒体艺术)课程,明确了课程性质、课程理念与课程目标等,在课程内容、学业质量等方面采取分科执行的方式。这些改变在我国艺术课程标准中尚属首次。

> **思考**
>
> 1. 中小学美术课程的性质是什么?
> 2. 《义务教育美术课程标准(2011年版)》与《义务教育艺术课程标准(2022年版)》中美术课程性质的异同是什么?

《义务教育美术课程标准(2011年版)》指出,美术课程以对视觉形象的感知、理解和创造为特征,凸显视觉性、具有实践性、追求人文性、强调愉悦性,是学校进行美育的主要途径,是义务教育阶段全体学生必修的基础课程,在实施素质教育的过程中具有不可替代的作用。而《义务教育艺术课程标准(2022年版)》则表述为:艺术是人类精神文明的重要组成部分,是运用特定的媒介、语言、形式和技艺等塑造艺术形象,反映自然、社会及人的创造性活动。艺术教育以形象的力量与美的境界促进人的审美和人文素养的提升。艺术教育是美育的重要组成部分,其核心在于弘扬真、善、美,塑造美好心灵。由此可见,中小学美术课程的性质从注重培养学生的美术知识技能,转向了注重提高学生的艺术素养和人文素养。

美术作为独立的学科,与其他艺术学科有很多共性,也有其独特的规律和特点。因此,《义务教育艺术课程标准(2022年版)》虽然统一了音乐、美术等学科的课程性质,但在具体实施上，还是根据不同学科的特点，分别进行了描述和规范。《义务教育艺术课程标准（2022年版）》与《义务教育美术课程标准（2011年版）》最大的区别就是将艺术课程的性质、理念、思路做了统一表述，弱化了学科本位观念，强化了立德树人的根本任务。

一、小学美术课程的性质

《义务教育艺术课程标准（2022年版）》中明确指出立德树人是艺术课程的根本任务。为了更好地体现课程性质，小学美术课程围绕核心素养确立课程目标，具有审美性、情感性、实践性、创造性、人文性等特点。

（一）审美性

美术课程是艺术课程的重要组成部分，而审美教育在美术课程中占有非常重要的地位，因此，在美术教学实践中应特别重视对学生进行审美教育。美术课程中的审美教育，是建立在美术特有的审美功能和接受方式基础上的，具有独特的意义。

审美性在美术课程中的第一种体现是"寓教于乐"。这里的"乐"，是体验到美术作品的美而产生的快乐，是客观事物的美与审美主体的审美观念相符合时产生的感受，既有感官的快适，又有理性的满足。审美性在美术课程中的第二种体现是"潜移默化"，让学生在不知不觉中既得到美的享受，又得到精神的净化。也就是说，美术课程中的审美教育不是强行灌输，而是通过美术作品所包含的美进行熏陶。

（二）情感性

情感性是美术课程的重要性质。我们可以利用美术课程的情感性，调节学生的情绪、态度，让学生的不良情绪得以合理释放，使学生的情感不断升华。优秀的美术作品往往体现着真、善、美，通过对这些作品的感悟、分析，学生的审美趣味和审美能力都会不断提高，人格会不断完善。

（三）实践性

美术的起源离不开人类的实践经验。美术是一门必须接触媒介、材料的学科，人们在创作一件美术作品时，必须先了工具、材料的性能，掌握相关技能技法，再动手创作。在创作过程中，想象力是创造的源泉，而想象力的发展也离不开实践活动。因此，美术课程具有实践性，要求美术教学必须进行实践训练，让学生在动手实践的过程中熟练掌握美术知识和技能，发展想象力和实践能力。

（四）创造性

《义务教育艺术课程标准（2022年版）》要求教师要引导学生运用传统与现代的工具、材料和媒介,创作平面、立体或动态等表现形式的美术作品,创造性地表达对自然与社会的感受、思考和认识,发展创造性思维能力。美术课程注重学生的自由表达,以充分调动学生的创造性。在教学实践上,留给教师很大的创造空间;在课程资源上,鼓励教师拓展思路,开发富有特色的自主课程。

(五)人文性

《义务教育艺术课程标准(2022年版)》把美术学科作为人文学科来看待,在课程性质中也强调了其人文性。艺术是人类精神文明的重要组成部分,是运用特定的媒介、语言、形式和记忆等塑造艺术形象,反映自然、社会及人的创造性活动。艺术教育以形象的力量与美的境界,促进人文素养的提升。无论是在创作过程中还是在接受过程中,美术作品都蕴含着情感、意志、价值观、个性等诸多人文特征。因此,美术课程应当以丰富的人文背景为依托,而不是以单纯的技术训练为支撑。

综上所述,小学美术课程要以适应小学生的心理发展和个性成长为前提,让他们在愉悦的学习状态中,获取美术知识和技能,提高生活情趣,塑造健全人格。小学美术课程是对学生进行审美教育、情操教育、心灵教育,培养想象力和创新思维的重要课程,是学校进行美育的主要途径。

二、中学美术课程的性质

中学美术课程的性质从注重培养学生的美术知识和技能,转向注重提高学生的艺术素养和人文素养,主要表现在人文性和综合性两个方面。

(一)人文性

中学阶段的美术教育是一种公民素质教育,在实施素质教育的过程中具有不可替代的作用,是学校进行美育的主要途径。它的教学思想、课程内容、教学方法都要符合公民素质教育的要求,必须面向全体学生。中学美术课程要与专业美术教育区别开来,充分体现其人文性,成为必修的艺术文化课程。

(二)综合性

加强学习活动的综合性,是《义务教育艺术课程标准(2022年版)》的明确要求,也是课程改革的方向。美术课程的内容不再局限于传统的创作和技法,而是综合了文化的整体发展,体现在美术与其他学科的融合上。这种融合既可以以美术为基点,兼容音乐、语文、历史等学科;也可以围绕某个主题,进行更加广泛的组合。

中学美术课程以适应中学生的心理发展、个性成长的差异为前提,培养艺术能力与人文素养,对学生进行审美教育、情操教育、心灵教育,培养其想象力和创新思维。

中学美术课程与小学美术课程的根本任务都是立德树人。它们都是对学生进行审美教育、道德教育、心灵教育,培养学生想象力和创新思维能力的重要课程,以提升学生的审美能力和人文素养为目的;都是学校进行美育的主要途径,是全体学生必修的基础课程,在实施素质教育的过程中具有不可替代的作用。但中学美术课程与小学美术课程的性质也略有不同,主要表现为对象不同、年龄特征不同以及教学模式不同。

学习小结

通过本节的学习,我们对美术课程的性质有了整体的认识和理解,了解了中小学美术课程性质的异同。

练习实践

1. 谈谈你对"立德树人是艺术课程的根本任务"这一观点的看法。
2. 阐述中小学美术课程性质的异同并举例。

第三节
中小学美术课程的特征

中小学美术课程以立德树人为根本任务,坚持以美育人,重视艺术体验,突出课程综合;以核心素养为导向,坚持综合育人、实践育人,培养有理想、有本领、有担当的时代新人。在不同阶段,美术课程具有不同的特征。

一、小学美术课程的特征

小学美术课程是一门艺术课程,在小学课程体系中具有重要作用。小学是学生学习美术的起步阶段,美术课程教学的基本要求就是培养学生对美术的兴趣,让学生形成正确的审美取向,养成观察事物的习惯。小学美术课程以培养学生对视觉形象的感知、理解、鉴赏和创造为特征,着力于发展学生核心素养。

(一)初步感知身边的美

小学阶段,教师要引导学生感知身边的美,欣赏周边环境中的山水、树木、花草、动物、建筑等,感知其形状美、色彩美和肌理美;识别学校或者社区公共场所中常见的标识,了解其用途和所传递的信息;欣赏表现儿童生活的美术作品,运用线条、形状、色彩、肌理等造型元素以及对称、重复等形式原理,进行欣赏、评述。通过以上活动,教师要让学生认识到美就存在于我们身边,初步形成发现、感知、欣赏美的意识。

(二)能够大胆进行创作和表达

小学阶段,教师要引导学生认识形状、色彩与肌理等造型元素,学习使用各种工具,体验不同媒介和材料的效果,通过观察、绘画、制作等方法,大胆表现自己的所见、所感、所想,激发其丰富的想象与创造的愿望。例如,教师可以引导学生欣赏感兴趣的民间美术作品,口头或用文字描述作品的特色,表达自己的感受与认识。

(三)注重培养学生的初步鉴赏能力和实践能力

小学生通过美术课程的学习,不但能提高视觉认知能力,还能通过美术语言、美术表现手段的学习,促进鉴赏能力的发展。在美术课程中,教师可以通过对美术作品的评价,锻炼小学生对美术作品的鉴赏能力。《义务教育艺术课程标准(2022年版)》要求学生具有一定的实践能力,这就要求教师要坚持以学生为主体,注重自主学习能力的培养,以锻炼小学生的动手能力。

二、中学美术课程的特征

中学美术课程不是单纯的技能技巧训练,而是一种文化学习,更注重培养学生的美术素养和人文素养。相较于小学美术课程,中学美术课程更注重学生的美术鉴赏能力,陶冶学生情操,提高审美能力,增强对自然与生活的热爱。中学美术课程的特征,主要表现在实践和创新两个方面。

(一)实践

实践是认知的基础,是体验性学习的基本方式。体验性学习就是通过丰富多彩的实践活动,充分刺激学生的视觉、触觉、听觉,从而完成对客体的认知。开展以学生为主体的体验性学习活动,就是在感性认识的基础上,进一步调动思维和情感,逐步获得对知识的感悟和认知,然后通过动手实践,检验感性认识,提升思维水平,获得主动创造与成功的愉悦体验。

(二)创新

艺术贵在创新。美术课程应特别重视对创新精神的培养,采取多种方法,使学生思维的流畅性、灵活性和独特性得到发展,最大限度地开发学生的创造潜能,使学生具有将创新观念转为具体成果的能力。培养创造力,促进人的发展,是现代教育的根本目的。21世纪是一个知识创新的时代,创新精神和创造能力是未来人才最重要的品质。因此,激发创新精神、培养创造能力也应成为美术课程的根本目的。

学习小结

通过本节的学习,我们对中小学美术课程的特征有了整体的认识和理解。中小学美术课程不仅关注学生对美术知识与技能的学习,更注重培养学生的实践能力和创新精神。

练习实践

1. 简述小学美术课程和中学美术课程的特征。
2. 简述中小学美术课程特征的异同。

第四节
中小学美术课程设计的概念及特点

国外学者对课程设计的界定多种多样,但关注点大多集中在以下三个方面:一是关注课程设计的理论基础和价值取向;二是关注课程设计过程中所涉及的要素和技术;三是关注课程设计的结果。

国内学者对课程设计的概念也有多种界定,比较受认可的是:课程设计是按照育人的目的、要求和课程内部各要素、各成分之间的必然联系,制定课程计划、课程方案和编制教学资料的过程。

中小学美术课程设计,就是在实施中小学美术课程前,进行课程定位,规划具体实施方案。中小学美术课程设计要围绕核心素养,体现课程性质,反映课程理念,确立课程目标;要坚持以美育人,以落实核心素养为主线,充分发挥美术课程在培育学生审美能力和人文素养中的重要作用,促进学生身心健康全面发展。

一、小学美术课程设计的概念及特点

小学美术课程设计,是指按照小学美术学科的育人目的、要求,在分析课程内外各要素、各成分之间相互联系的基础上,制定小学美术课程计划、课程标准,编制小学美术各类教材,进而制定具体的课程实施方案、课程实施方法策略等的过程。

小学美术课程设计具有教学内容的广泛性、强化审美教育、注重学生个性和素养的培养等特点。

(一)教学内容的广泛性

美术是以物质材料为媒介,占据一定平面和立体空间的艺术。小学美术教育涉及建筑、雕塑、绘画、设计、书法、篆刻、手工制作以及美术欣赏、美术史等内容。《义务教育艺术课程标准(2022年版)》将美术课程内容归纳为"欣赏·评述""造型·表现""设计·应用""综合·探索"4类艺术实践。丰富的学科内容能开阔学生关注生活的视野,拓展学生思维想象的空间,这对学生的全面发展有积极意义。但如何把庞杂的教学内容、目标与任务贯穿于课堂教学中,如何在教学设备有限的情况下强化课堂教学的可操作性,是每一位教师必须深入思考的问题。

(二)强化审美教育

小学美术教育以培养学生的审美能力为目的,是对学生进行美育的重要途径,除了传授美术技能之外,还能提高学生的审美能力,培养学生正确的审美观念,激发学生对美的爱好与追求。《义务教育艺术课程标准(2022年版)》提出了综合学科的理念,将美术学科纳入艺术大领域中,与音乐、戏剧、舞蹈等艺术门类相互呼应,使学生在学习过程中视野更宽阔、思维更活跃,在广阔的艺术磁场中感受审美欣赏和创造的愉悦。

(三)注重学生个性和素养的培养

我国的小学美术教育以受教育者的全面发展为出发点。小学生正处于求知欲和好奇心最强的时期,因此,小学美术课程设计要促进小学生的个性发展,把他们的兴趣吸引到对艺术的探索和对美的追求上来,用美术教育来拓宽他们的认知空间,满足他们的求知欲。落实素质教育,不能忽视学校的美术教育。这不仅是因为信息社会里我们需要更高的审美眼光,还因为社会生活品质的提高有赖于人们审美水平的提高。

二、中学美术课程设计的概念及特点

中学美术课程设计,是指按照中学阶段美术学科的育人目的和要求,在分析课程内外各要素、各成分之间相互联系的基础上,制定中学美术课程计划、课程标准,编制中学美术各类教材,进而制定具体的课程实施方案、课程实施方法策略等的过程。

中学美术课程设计以适应中学生身心发展规律为前提,依据中学生的学习特征、学习需求、认知规律、学习兴趣等,整合发展中学生的艺术能力和人文素养;通过教材创编和课程教学,建立起美术与生活、美术与情感、美术与文化、美术与科学的联系。

中学美术课程设计更加注重人文性,体现在课程性质、课程理念、课程设计、教学设计、教学活动、教学内容、课程评价等方面。美术课程不是单纯的知识和技能课程,而是旨在提高学生艺术能力和人文素养的课程。作为一种人文课程,美术课程强调艺术的教化作用,把个体提升为一种精神性的存在。

现代教育思想深刻地影响着美术教育观念和教育模式的转变。现代教育思想以人为本,把学生当作完整的人来看待,教育的目的是使每个人都得到充分和全面的发展,从而改变过去过分注重知识传授的倾向。因此,中学美术课程设计要注重培养学生的独立精神,倡导自主学习、研究性学习和合作学习,引导学生主动探究艺术的本质、特性和文化内涵。

学习小结

通过本节的学习,我们了解了中小学美术课程设计的概念,知道了中小学美术课程设计是一个综合性的过程,它着眼于培养学生的美术素养,提升学生的审美能力和创造力。

练习实践

1. 名词解释:课程设计、小学美术课程设计、中学美术课程设计。
2. 简述小学美术课程设计和中学美术课程设计的特点。
3. 简述小学美术课程设计和中学美术课程设计的异同。

第五节

中小学美术课程设计的理论知识基础

一、心理学理论知识

（一）认知发展阶段理论

认知发展阶段理论是由瑞士心理学家皮亚杰提出的。他认为，儿童的认知发展可以分为四个阶段：

（1）感知运动期（0—2岁）：儿童主要通过感官和运动体验来理解世界。美术课程可以通过创造多样的视觉和触觉体验，让儿童认识色彩、形状、质感等概念。例如，可以设计一些互动的美术活动，让儿童观察和触摸不同材料，并用自己的方式表达出来。

（2）前运算思维期（2—7岁）：儿童开始具备符号思维和语言能力，但仍然受到感官印象的限制。美术课程可以通过创造多样的绘画和造型体验，让儿童表达自己的想法和感受。例如，可以让儿童观察和模仿物体的形状、颜色和纹理，激发他们的创造力和表达能力。

（3）具体运算思维期（7—12岁）：儿童开始能够进行逻辑推理和分类思维，但仍然受到具体情境的限制。美术课程可以通过创造具体的艺术体验，让儿童学习和应用不同的绘画技巧和构图方法。例如，可以让儿童观察、模仿和创作艺术作品，学习和掌握色彩、线条、构图等艺术基本要素，提高他们的绘画能力和审美水平。

（4）形式运算思维期（12岁以上）：儿童具备抽象思维能力，可以进行形式逻辑推理和数学运算。美术课程可以通过创造具有挑战性的艺术任务，让学生运用自己的艺术技能和知识进行创作和表达。例如，可以设计一些跨学科的艺术项目，让学生学习和应用艺术、数学、科技等领域的知识和技能，提高他们的创造力和综合素养。

（二）建构主义学习理论

建构主义学习理论认为，知识不是简单地接受和积累的，而是通过个人的思考、探究和发现来建构的。建构主义学习理论强调学习者在学习过程中的主动性和自主性，学习者需要通过自己的经验、思考和发现来建构知识,而不是简单地接受他人的知识。

在中小学美术课程设计中,建构主义学习理论具有重要的意义:

(1)强调学生的主动性:教师鼓励学生自主地探究艺术并表达自己的想法,可以提供一些具有启发性的问题或话题,让学生发挥创造力,提出自己的看法。

(2)强调学生参与决策:教师鼓励学生参与到课程内容和项目的决策中,例如让学生选择感兴趣的主题、材料和技术,提高学生的学习积极性。

(3)指导学习的过程:教师设置具有探究性的学习任务,引导学生探究美术的原理和技法,并了解不同的艺术风格和文化传统。同时,教师也要注意及时进行指导,帮助学生不断改进自己的作品。

(4)学生合作学习:教师鼓励学生进行小组合作学习,通过相互合作交流意见、分享技术和知识,互相激发创造力和思维,提升学生的自信心和合作精神。

(三)美感心理学

美术是一门艺术,美感是其中的重要因素。美感心理学是一门研究美的感受、美的创造和美的价值的心理学。它研究人类对于美的感受和对美术、音乐、文学、戏剧等艺术作品的创造和欣赏。美感心理学可以帮助我们了解学生的美感特点和需求,根据学生的审美能力和水平,设计符合学生认知水平和接受能力的课程内容和形式。

二、教学方法知识

(一)课堂教学方法

中小学美术课程的教学方法应该包括多种形式,如课堂讲解、实践操作、案例分析、小组合作等。针对不同年龄段的学生,应该采取不同的教学方法。对于小学生,可以采用互动性强的教学方法,例如游戏、童话、动画等,帮助学生更好地理解课程内容。对于中学生,应该注重实践操作,让学生亲手实践,提高他们的实际操作能力。

(二)教学技巧

中小学美术课程的教学技巧是多种多样的。例如,通过引导学生观察、分析、思考、创造等,提高学生的审美能力和创造能力;通过启发式教学、任务型教学等,增强学生的学习兴趣和自主学习能力;通过翻转课堂等教学方式,提高学生的学习效果和课堂参与度。

(三)评价方法

在中小学美术课程中,评价方法应符合学生的个性发展和实际操作能力。评价方法要灵活多样,如作品展示、课堂表现、小组合作等。评价应注重学习的过程和结果,注重学生思考和创造的过程,以及学生的艺术表现和创造力;应根据学生的年龄特点和学习需求,设计合适的评价方式,注重实践操作和创新思维,帮助学生实现全面发展。同时,还应注重教学实践,根据实际情况不断调整和改进评价方式,以提高教学效果。

三、美术专业知识

(一)美术史知识

中小学美术教师要对中外美术的发展演变历程有清晰的认识,能全面掌握中外美术发展概况及其规律;对美术史上的优秀作品和美术家有较全面的了解;能理解并分析不同时期的美术流派,找出美术发展的脉络及规律。

(二)美术基础理论知识

美术基础理论知识包括美学、美术概论、设计概论、色彩学、透视学、解剖学等学科的知识。中小学美术教师应了解美的本质、美术的本质以及艺术家的劳动特点;了解设计的基本原理和方法,认识设计对自然环境和社会环境的重大影响;学习色彩学的基础知识,了解色彩系统的特征;掌握人体比例和运动变化规律;学习焦点透视的原理,并能在平面上塑造立体空间。

(三)美术鉴赏、美术批评知识与技能

美术鉴赏是美术作品发挥社会作用、实现其价值的必然途径,也是对学生进行美育的重要途径。美术批评则是在鉴赏的基础上,对艺术作品提出独创性的评价。

在鉴赏方面,美术教师应具备以下素质:(1)掌握美术鉴赏活动相关术语,以及鉴赏程序和方法;(2)有兼容并蓄的胸怀,能不带个人主观偏见地理解不同风格的美术作品;(3)对与作品相关的史实、社会背景以及艺术家的逸闻趣事有一定的了解。

(四)美术专业技能

美术专业技能是顺利完成美术创作所应具备的相应技术能力。中小学美术教师应具备的专业能力主要有两类:一是造型类,包括国画、油画、版画等;二是工艺设计类,包括平面设计、立体设计、工业造型、陶艺等。

四、综合知识

(一)综合人文知识

1.文化历史

美术作为一门艺术学科,离不开文化历史的渊源。中小学美术课程设计需要涵盖不同

文化、不同历史时期的美术作品,如古希腊雕塑、文艺复兴时期的绘画等,从而让学生了解不同时代、不同文化的艺术特点和风格。

2.社会背景

艺术作品是社会背景的反映,因此,中小学美术课程要涵盖社会背景的相关知识,例如艺术家的生活背景、作品背后的历史事件等。这有助于学生更好地理解和欣赏艺术作品,也有助于加深学生对社会历史的认识。

3.传统文化

中小学美术课程要涵盖传统文化的相关知识,如中国传统绘画、民间艺术等。这有助于让学生了解自己国家的传统文化,并通过学习蕴涵传统文化的美术作品,提高审美水平和创作能力。

4.艺术教育理念

艺术教育不仅仅是技能的传授,更需要艺术教育理念的相关知识。中小学美术课程要教授艺术创作的基本原则和方法,引导学生发展自我创造力和审美意识。

(二)逻辑性与系统性思维

逻辑性与系统性思维是中小学美术课程中十分重要的方面。美术创作需要严密的逻辑性与系统性思维,只有这样才能创作出高质量的作品。

1.逻辑思维

美术课程应注重培养学生的逻辑思维能力,让他们能够理性分析和解决美术创作中的问题。例如,在色彩教学中,可以引导学生掌握颜色的搭配规律和相互作用关系,让他们能够根据不同的要求进行颜色的组合和运用。

2.系统思维

美术课程应注重培养学生的系统思维能力,让他们能够将美术创作中的各种要素有机地组合在一起,形成完整的作品。例如,在绘画教学中,可以引导学生掌握构图、线条、色彩等要素的系统运用,让他们能够创作出具有艺术价值的作品。

3.创新思维

美术课程应注重引导学生进行创新思维训练,让他们能够通过自己的想象和创造进行美术创作。例如,在造型教学中,可以引导学生进行三维造型的构思和设计,让他们能够将自己的创新想法转化为具体的作品。

4.合作思维

美术课程应注重引导学生进行合作思维,让他们能够通过团队协作完成美术创作。例如,在手工制作教学中,可以引导学生进行团队合作,共同完成作品,培养学生的合作精神和团队意识。

(三)现代教育技术

随着现代教育技术的快速发展,中小学美术课程的教学方式也发生了重大变化。教师可以借助现代教育技术,将传统的美术教学与现代科技手段相结合,为学生提供更加丰富、多样化的学习体验。因此,现代教育技术对于中小学美术课程设计具有非常重要的意义。

美术课程设计要结合现代教育技术,例如多媒体教学、在线教学等,以及适用的教学软件,让学生能够在不同的数字平台上学习美术知识和技能,并运用这些工具进行实践和创作。

美术课程设计要注重互动性和个性化,让学生能够根据自己的兴趣和需求进行学习和实践;注重视觉和音频效果,通过图像、音频和视频等多媒体手段,丰富教学内容,提高学习兴趣和积极性;注重在线学习和远程教学,通过互联网等远程教育手段,让学生可以随时随地进行学习和交流;注重评价和反馈机制,通过数字化工具,为学生提供及时的反馈和评价,帮助他们更好地掌握和应用美术知识和技能;注重教师和学生的培训和指导,让他们了解和掌握现代教育技术的应用方法和技巧;注重教学资源的整合和共享,通过网络平台和数字化资源库,为教师和学生提供更丰富、更全面、更实用的教学资源和工具;注重创新和变革,不断更新和完善教学内容和教学方法,推动中小学美术教育的发展和进步。

学习小结

通过本节的学习,我们对中小学美术课程设计的理论基础有了一定的认识。中小学美术课程设计的理论基础包括教育学理论、心理学理论、美术专业知识基础以及综合知识基础等。

练习实践

1. 名词解释:认知发展理论、建构主义学习理论、美感心理学。
2. 简述美术课程设计的教育学和心理学理论知识基础。
3. 简述美术课程设计的美术专业知识基础。
4. 简述美术课程设计的综合知识基础。

第二章

美术课程设计的形态与类型

学习目标

- 了解中小学美术课程设计的形态、美术课程设计的类型。
- 掌握中小学美术课程设计各种类型的内容。
- 理解中小学美术课程设计形态与类型的价值。
- 能根据中小学不同的学情、教材进行有针对性的设计。

知识导图

美术课程设计的形态与类型
- 第一节 中小学美术课程设计的形态
  - 美术课程设计的形态
  - 小学美术课程设计的形态
  - 中学美术课程设计的形态
- 第二节 中小学美术课程设计的类型
  - 美术课程设计类型的特点及性质
  - 小学美术课程设计的类型
  - 中学美术课程设计的类型
  - 认识中小学美术课程设计形态与类型的意义

第一节 中小学美术课程设计的形态

一、美术课程设计的形态

美术课程设计的形态,是指美术课程设计的不同种类或构成方式,主要分为以下三种:

(1)强调学科本位的美术课程设计。这种形态下的美术课程,突出美术学科专业理论和专业技能。

(2)学科知识和人文知识融合的双知识体系美术课程设计。这一形态下的美术课程,一般以学科知识为基础,以人文知识为主题。

(3)跨学科融合的美术课程设计。《义务教育艺术课程标准(2022年版)》指出,美术课程设计应综合音乐、语文、数学、自然等学科的知识,将其他学科知识引入美术教学,使美术课程的知识体系更加融会贯通。

> **思考**
> 1. 美术课程设计的形态可以分为哪几类?
> 2. 如何理解跨学科融合的美术课程设计形态?

在不同的时代,美术课程根据学生的年龄和心理特征,呈现出各不相同的课程设计形态。

二、小学美术课程设计的形态

根据上述美术课程设计的三大形态,结合小学阶段的课程标准和小学生的身心发展特点,小学美术课程设计的形态有三种。

(一)强调学科本位的美术课程设计

这一形态下的美术课程主要包括绘画、手工、材料尝试、名作欣赏等。绘画和手工是基础;材料尝试是对综合能力的培养;名作欣赏是为了观察和欣赏名作的表现手法、创作意境,让小学生接受艺术感染和熏陶。

例如油画棒画课程"荷花池",如果是单一的绘画课,学生很快就能画出一幅画。如果设计为通过图片展示让学生想象生活中的荷花池,就能培养学生的想象力。学生首先大面积铺色画出荷叶,然后将白卡纸叠起来,剪出荷花的平面形状。学生剪出的形状各不相同,教师引导学生发扬合作精神,用自己手中多余的形状和其他同学交换,这样每个学生的画面都可以变得更丰富。教师还可以让学生运用色彩渐变的方法,在卡片上涂出由红变白的荷花,再将几个角微微翘起进行粘贴,制作成立体荷花。

(二)学科知识和人文知识融合的双知识体系美术课程设计

例如用斗鱼进行课程设计。斗鱼颜色鲜艳,尤其是尾巴,可以作为刻画重点。在课程开始时,教师给学生讲解斗鱼和色彩的相关知识,然后让学生用油画棒对斗鱼的尾巴进行渐变涂抹,同时对鱼身进行装饰,最后用油水分离法进行覆盖,以获得绚丽的艺术效果。在课程设计中,教师要让学生掌握渐变、冷暖色、色相、明度和纯度等知识,让学生选用三种或三种以上的油画棒对斗鱼的尾巴进行涂色。有的学生会立即运用所学的渐变色和冷暖对比色绘画,有的则会按照自己喜欢的颜色绘画。色彩表现课程最主要的目的是让小学生对色彩有独立的认识和表现,教师不能过多干涉小学生对颜色的选取。每个小学生的色感和创作表现都是不一样的,画面自然也是各具特色。

(三)跨学科融合的美术课程设计

上海市长宁区新虹桥小学的"进·积的小蜗牛"课程,针对一年级学生,采用多门学科结合、多项能力提升、多种活动并行的方式进行设计,是跨学科的综合性活动课程(图2-1-1)。课程设计了五项具体活动,分别是听故事《爬上金字塔的小蜗牛》、彩绘"卡通小蜗牛"、学唱歌曲《蜗牛与黄鹂鸟》、探寻小蜗牛的外形特征、阅读课文《小蜗牛》。这五项活动涉及道德与法治、美术、音乐、自然和语文五个学科的教学,相互结合,让学生沉浸在综合活动的氛围中,在活动中体验快乐,全面成长。

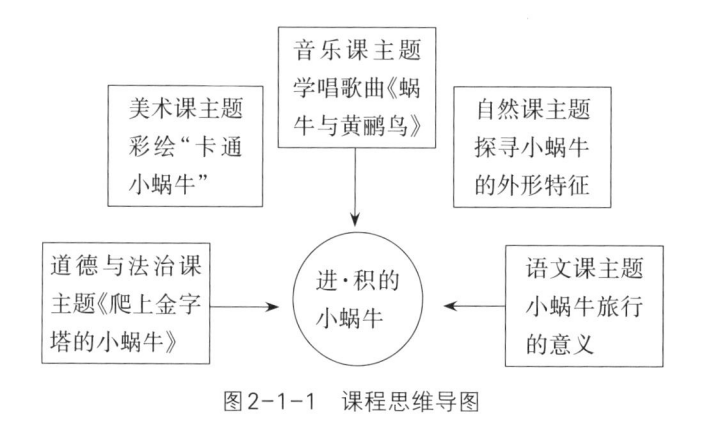

图2-1-1 课程思维导图

三、中学美术课程设计的形态

中学美术课程设计也具有三种形态。

(一)强调学科本位的美术课程设计

在美术教育过程中,中学时期是发展学生视觉写实能力的重要时期。在此阶段,学生会形成个人的美术知识体系和绘画能力。如在"明暗造型"这一课程中,课堂的常规要求是告诉学生,物体在光线的作用下所产生的效果就是明暗,并深入认识明暗造型的基本规律是"三面五调"。在掌握了基本理论后,教师让学生进行练习、临摹或写生。这是强调学科本位的美术课程设计的普遍做法,也即强调美术知识和技能的教学。

(二)学科知识和人文知识融合的双知识体系美术课程设计

这一形态下的中学美术课程以学科知识为基础,以人文知识为主题,形成课程中明晰的课堂线索。人文知识随学科知识的演进而不断深入,使学科知识融合在文化背景、审美背景中,具有明确的课程目标。课程依据课前的设定而发展,在学科知识上形成"了解—学习—应用"的线索,在人文知识上形成"感受—认识—理解"的线索,教学结果是可预见的,教学过程是预设的,教学内容具有丰富性。这一形态下的课程有相对有序的组织结构和知识脉络,形成了知识深度,建立了知识点之间的有机联系。

(三)跨学科融合的美术课程设计

例如,"中国工艺美术——陶艺"在课程导入部分,运用中国古典音乐将学生带入古代社会情境,激发学生学习陶艺的浓厚兴趣。美术课程中导入音乐知识,将美术与音乐两个学科融会贯通,能够促进美术学科的发展。上海市第一中学的"新白雪公主与七个小矮人"课程,也实现了美术与语文、音乐、戏剧等学科的结合。这种跨学科融合的模式,能够使学生更加投入地参与到美术课堂活动中来。

学习小结

通过本节的学习,我们初步认识了美术课程设计的三种形态:强调学科本位的美术课程设计、学科知识和人文知识融合的双知识体系美术课程设计和跨学科融合的美术课程设计。

练习实践

1. 谈谈不同形态的美术课程设计各有何优缺点。
2. 请将你所感兴趣的美术课程设计形态用图表的形式表达出来。
3. 收集跨学科融合美术课程设计案例。

第二节
中小学美术课程设计的类型

一、美术课程设计类型的特点及性质

任何课程设计都必须基于学科、学生和社会这三大基点,美术课程设计也是如此。在课程理论发展史上,人们在考虑学科、学生、社会及其相互关系时,因视角不同,形成了各种流派。就美术课程设计而言,主要可分为三大类:(1)注重知识因素的美术课程设计,即以学科为中心的美术课程设计;(2)注重学习者因素的美术课程设计,即以学生为中心的美术课程设计;(3)注重社会因素和学习者因素的美术课程设计,即以问题为中心的美术课程设计。

> **思考**
> 1. 美术课程设计的类型及其特点是什么?
> 2. 阐述你所理解的美术课程设计。

(一)以学科为中心的美术课程设计

以学科为中心的美术课程设计是围绕一个特定的主题或学科进行课程设计、教学设计及任务设计。例如,美术学科课程内容包括"欣赏·评述""造型·表现""设计·应用"和"综合·探索"4个板块,涵盖16项具体学习内容,根据不同学段设置不同的学习任务,并将学习内容嵌入学习任务中。(图2-2-1)

通过"欣赏·评述"教学,学生学会解读美术作品,理解美术及其发展概况。通过"造型·表现"教学,学生掌握美术知识、技能和思维方式,围绕题材,提炼主题,采用平面、立体或动态等多种表现形式表达思想和情感。通过"设计·应用"教学,学生结合生活和社会情境,运用设计与工艺知识、技能和思维方式,开展基于问题的学习、基于项目的学习,进行传承和创造。通过"综合·探索"教学,学生将所掌握的美术知识、技能和思维方式,与自然、社会、科技、人文相结合,进行综合探索与学习迁移,提升核心素养。

以学科为中心的美术课程设计的主要缺点是不以学生为中心,没有考虑到学生的具体学习风格。这可能会影响学生的参与度和积极性,甚至可能导致学生在课堂上落后。

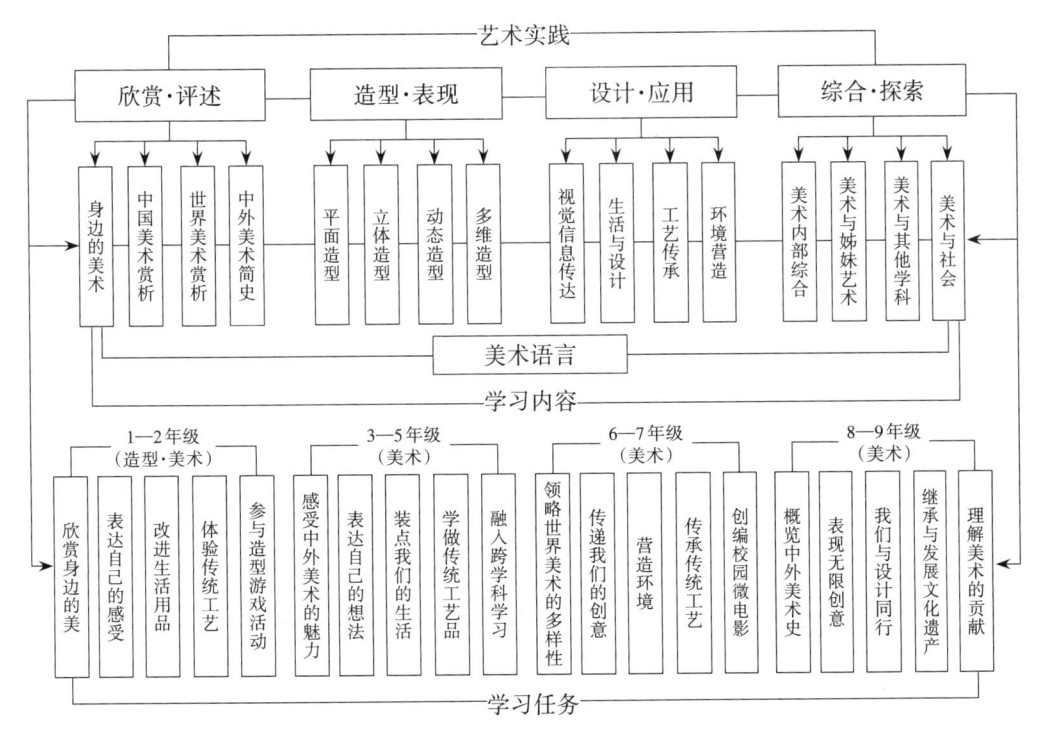

图 2-2-1　美术学科课程设计的类型及内容结构

(二)以学习者为中心的美术课程设计

以学习者为中心的美术课程设计考虑了每个学生的需求、兴趣和目标。换句话说,它承认学生是有差异的,并适应所有学生的需求。以学习者为中心的美术课程设计旨在赋予学习者权力,允许他们通过选择来塑造自己的教育。在以学习者为中心的课程中,教学计划是差异化的,学生有机会选择适合自己的作业、学习经验或活动。这可以激励学生,使他们在学习过程中保持专注。这种课程设计形式的缺点是教师的劳动强度大。差异化教学给教师带来了压力,他们要创造或找到有利于每个学生学习的材料。但是,教师可能没有时间或缺乏经验来制订这样的计划。以学习者为中心的美术课程设计还要求教师在学生的兴趣与学生的需求之间取得平衡,这并不容易实现。

(三)以问题为中心的美术课程设计

以问题为中心的美术课程设计与以学习者为中心的美术课程设计一样,也非常注重学习者因素。以问题为中心美术的课程设计侧重教学生正确看待问题,并提出解决问题的方法。这样,学生能接触到现实生活中的问题,有助于培养学生可应用于现实生活的技能。以问题为中心的美术课程设计让学生在学习过程中培养创造性和创新性,其缺点是不考虑学习者的学习风格。

二、小学美术课程设计的类型

（一）以学科为中心的小学美术课程设计

小学美术课程设计包括"欣赏·评述""造型·表现""设计·应用"和"综合·探索"4个板块。其中，"欣赏·评述"引导学生感知身边的美，认识美存在于我们周边，初步形成发现、感知、欣赏美的意识；"造型·表现"引导学生尝试使用不同的工具、材料和媒介，以及线条、形状、色彩、肌理等造型元素和对称、重复等形式原理，按照自己的想法，以平面、立体或动态等表现形式表达所见所闻、所感所想；"设计·应用"让学生学会从外观和使用功能等方面了解物品的特点，针对某件物品提出自己的改进意见，进行装饰和美化，初步形成设计意识；"综合·探索"让学生参与班级或小组开展的美术与姊妹艺术及其他学科相结合的造型游戏活动，初步形成综合探索与学习迁移的能力。

（二）以学习者为中心的小学美术课程设计

以学习者为中心的小学美术课程设计更强调学生的自主学习能力，注重提高学生解决实际问题的能力。在这种模式的学习过程中，学生能形成自主思考和借助外界力量的学习思维模式，最终养成主动学习的习惯，做到"我要学"。从课程内容来说，以学习者为中心的小学美术课程设计仍然紧紧围绕新课程标准进行，教师适当地对教材进行选择与整合。根据小学生的学习特点，小学阶段的美术课程设计一般以活动情境教学、故事情境教学和直观情境教学为主，以其他情境教学模式为辅。

（三）以问题为中心的小学美术课程设计

首先，问题需要具有引导性。教师要由浅入深地设计问题，引导学生展开思考。如果教师没有正确进行引导，学生就无法快速进入学习状态。因此，教师要循序渐进地设计问题，从而顺利解决问题。其次，问题应当具有启发性。启发性问题有助于小学美术课堂中教学重难点的突破。再次，问题应当具有层次性。教师在设计问题时，应考虑学生的层次，设计具有差异性的问题，有针对性地提供给学生。最后，教师应当将问题置于具体教学中，切实提高美术教学的有效性。

三、中学美术课程设计的类型

（一）以学科为中心的中学美术课程设计

中学美术课程设计也包括"欣赏·评述""造型·表现""设计·应用"和"综合·探索"4个板块。"欣赏·评述"引导学生运用造型元素、形式原理和欣赏方法，欣赏、评述世界不同国家和地区的美术作品，领略世界美术的多样性和差异性，养成尊重、理解和包容的态度。"造型·表现"引导学生运用传统与现代的工具、材料和媒介，以及所习得的美术知识、技能和思维方式，创作平面、立体或动态等表现形式的美术作品，提升创意表达能力。"设计·应用"引导学生根据"人与自然和谐共生"的设计原则，对学校或社区进行环境规划，增强社会责任意识，引导学生学会利用不同的工具和材料，学习制作或创作工艺品，体会传统工艺"守正创新"的内涵与意义。"综合·探索"引导学生以个人或小组合作的方式，结合校园现实生活，探究各种问题，通过创编校园微电影，将不同学科的知识融为一体，增强综合探索与学习迁移的能力。

(二)以学习者为中心的中学美术课程设计

学生在课堂中占据主要地位，是课堂教学活动的中心。在中学美术教学中，教师要重点挖掘学生的潜在能力，培养学生自主学习的习惯，以此实现新课改的目标。教师不能只重视培养学生的绘画技巧，更要关注艺术鉴赏能力的培养，让学生能够主动发现问题，解决问题，提升美术核心素养。

例如，在教学《奇思妙想画漫画》时，教师要明确学生课堂主体的地位，围绕学生设计教学方案和教学环节。除了让学生欣赏不同的漫画外，还可以根据教材内容设计一些问题，让学生思考，如漫画人物的特点、线条的分布等。教师要让学生带着问题欣赏漫画，再根据教材内容为学生详细讲解美术知识，让学生了解漫画的主要表现方式、题材来源及特点，在对漫画有所了解后，自主完成一幅漫画作品。这样的教学方式，不仅能培养学生的自主学习能力，还能锻炼学生的想象力，运用自己的创造力将内心的想法表达出来。此外，学生还能从教师的讲解和指导中掌握更多的美术技巧，使能力得到强化，为将来的学习和发展打下扎实的基础。

(三)以问题为中心的中学美术课程设计

问题情境模式运用实例——《文明之光》教学设计

一、课堂导入

1.彩陶大致出现在什么时代？

2.你能描述那个时代人们的生活场景吗？

3.彩陶艺术记录了我们祖先的生产生活，也体现了他们的审美趣味。

二、关于彩陶的联想

1.根据舞蹈纹盆这组人物的装扮，想象他们为什么跳舞。

2.这个彩陶罐的装饰纹样让你联想到什么？

3.你能根据彩陶的造型和纹样推断其用途吗？

三、思考练习

说一说人面鱼纹盆是由哪几种图形构成的。

四、分析具象纹样与抽象纹样的联系

彩陶纹样有具象纹样与抽象纹样之分,两者之间有着紧密的联系。

1. 辨识具象纹样表现的内容。

2. 分析抽象纹样表现的内容。

3. 归纳:从具象纹样到抽象纹样有哪些改变?鱼纹、鸟纹的变化有哪些共同规律?

4. 感受:谈谈具象纹样与抽象纹样给你的不同视觉感受。

四、认识中小学美术课程设计形态与类型的意义

对中小学美术课程设计有了全面的认识后,教师可以结合学生情况、课程标准、教材内容,进行有侧重的美术课程设计;可以根据不同的学习内容,选择不同的美术课程设计形态与类型。

在美术课程设计中,学习了美术课程设计的形态与类型后,在进行课程设计时,可以将其他学科与美术学科相融合,更好地发挥美术学科的优势。

符合学生身心发展规律的美术课程设计,可以促进学生审美能力的发展,培养学生的审美观。美术教育培养学生的审美素质,也帮助他们树立健康的审美观和价值观,做到分清好坏,明辨是非,热爱美好的事物,受到美的熏陶。

学习小结

通过本节的学习,我们初步了解了美术课程设计主要可分为三大类:以学科为中心的美术课程设计、以学习者为中心的美术课程设计、以问题为中心的美术课程设计,认识了这三种美术课程设计类型在中小学中不同的侧重点,学习了小学和中学美术课程在不同的学习领域如何进行课程设计。

练习实践

1. 用表格梳理出以学科为中心的美术课程设计中各个板块所包含的内容。

2. 选择你感兴趣的美术课程设计类型,进行小学美术课程设计。

第三章

美术课程设计的目标

学习目标

- 了解美术课程设计的意义。
- 理解各阶段的美术课程设计目标。
- 掌握中小学美术课程设计的基本目标。
- 能够运用所学知识分析中小学美术课程设计目标的类型。

知识导图

美术课程设计的目标

- 第一节 中小学美术课程设计的目标
  - 中小学美术课程设计目标概述
  - 制订中小学美术课程设计目标的意义

- 第二节 小学美术课程设计的目标
  - 1—2年级的美术课程设计目标
  - 3—5年级的美术课程设计目标
  - 6—7年级的美术课程设计目标

- 第三节 中学美术课程设计的目标

- 第四节 美术课程设计目标的类型
  - 基于学习阶段的美术课程设计目标
  - 基于学习任务的美术课程设计目标

第一节
中小学美术课程设计的目标

课程设计目标是学校实现教育目的和培养目标的手段,也是课程设计的关键内容。课程设计目标的确定,需要考虑国家和社会对教育的需求、学科知识的内在逻辑体系、学生的个体发展特征以及学校内外环境。因此,课程设计目标不能局限于"这堂课应该教给学生什么知识和技能",而是要思考这节课对学生而言具有怎样的学习意义?能培养学生哪些品格?是否符合学生的身心发展水平和课程标准的要求?

美术课程设计是进行美术教学之前的准备工作。理解了美术课程设计的意义,教师才能更好地设计与实施课程,脚踏实地去落实教学。美术课程设计目标的对象是学生,要根据不同阶段学生的学习特点,调整课程设计目标。小学阶段要初步建立审美认识,学习美术基础知识、技能和思维方式,引导小学生关注自然、关注生活,培养小学生的创新能力和动手实践能力,养成主动装饰生活的习惯,培育热爱民族、热爱国家的情怀。中学在小学的基础上,各方面都要更深入、更专业、更有难度,也更加重视培养学生正确的价值观。

一、中小学美术课程设计目标概述

通过义务教育艺术课程的学习,学生应达到以下目标:

·感知、发现、体验和欣赏艺术美、自然美、生活美、社会美,提升审美感知能力。

> 💡 **思考**
>
> 你认为中学和小学的美术课程设计目标有什么区别?

·丰富想象力,运用媒介、技术和独特的艺术语言进行表达与交流,运用形象思维创作情景生动、意蕴健康的艺术作品,提高艺术表现能力。

·发展创新思维,积极参与创作、表演、展示、制作等艺术实践活动,学会发现并解决问题,提升创意实践能力。

·感受和理解我国深厚的文化底蕴和党的百年奋斗重大成就,传承和弘扬中华优秀传统文化、革命文化、社会主义先进文化,坚定文化自信,铸牢中华民族共同体意识。

·了解不同地区、民族和国家的历史与文化传统,理解文化与构建人类命运共同体的关系,学会尊重、理解和包容。

这是《义务教育艺术课程标准(2022年版)》给出的艺术教育总目标,适用于义务教育阶段中小学的美术课程设计目标。我们要紧紧围核心素养,从审美感知、艺术表现、创意实践和文化理解四个方面来进行美术课程目标的设计。

二、制订中小学美术课程设计目标的意义

美术课程设计是实施美术课程的重要途径,对美术课程的目标、内容、教学和评价做出了明确安排。美术课程设计要设定具体的美术课程目标,选择与组织美术课程内容,制订并实施美术课程教学计划,确定美术教学活动的评价方式和内容。

任何一种美术课程设计都要反映美术的学科价值。这种价值包括对美术专业知识与技能的学习,对审美能力与审美情感的培养,对美育观念的践行和对传统文化的传承。

美术课程设计反映美术教育的演变。它是灵活的,会根据不同时期的课程标准、不同版本的教材、不同地方的文化、不同学生的学情、不同教师的教学习惯而产生变化,并由此产生新的课程方案。

美术课程设计有利于美术教育的实践。合目的性、合科学性、合发展性是课程设计的基本要求,因此,美术课程设计要符合美术课程标准,符合学生心理和行为的发展要求,符合与时代相应的美术教育理念。它为学校编写校本教材、组织特色课程提供了策略;为教师制订教学计划、实施教学指明了方向;为美术课堂的教学效率提供了保障。

> 💡 **思考**
>
> 你是怎样理解美术课程设计的意义的?

美术课程设计能促进教师成长。美术课程设计发生改变后,教师就必须对现有美术课程进行修改或重新组织,这是对教学能力的考验。如《义务教育艺术课程标准(2022年版)》对美术课程的内容结构、学业质量标准、学段学习目标等都做出了优化和调整,教师需要重新去理解核心素养的内涵。

📖 学习小结

通过本节的学习,我们初步了解了中小学美术课程设计的目标;认识、掌握了制订中小学美术课程设计目标的意义。

🎨 练习实践

1. 分析中学与小学美术课程设计目标的异同。
2. 谈谈你是如何理解美术课程设计的基本意义的。

第二节
小学美术课程设计的目标

《义务教育艺术课程标准(2022年版)》对小学各学段的美术课程内容提出了详细的要求。美术课程设计的目标应紧紧围绕这些要求,使课程内容要求最终在实际教学中得以实现。小学美术课程设计的目标随着学情的变化而逐步调整,影响着学习方式和学习内容。

一、1—2年级的美术课程设计目标

- 能感知身边的美,认识美存在于我们周边,初步形成发现、感知、欣赏美的意识。
- 能使用不同的工具、材料和媒介,按照自己的想法,以平面、立体或动态等表现形式表达所见所闻、所感所想。
- 学会从外观和使用功能等方面了解物品的特点,能针对某件物品的设计提出自己的改进意见,进行装饰和美化,初步形成设计意识。
- 能利用不同的工具、材料和媒介,体验传统工艺,学习制作工艺品,知道中国传统工艺是中华民族文化艺术的瑰宝,增强中华民族自豪感。
- 能积极参与班级或小组开展的美术与姊妹艺术及其他学科相结合的造型游戏活动,初步形成综合探索与学习迁移的能力。

各种版本美术教材的课程设计,都紧紧围绕着这些目标。以湘美版小学美术教材为例,在第一学段的课程安排中,首先鼓励学生大胆创作,再根据学生生活中最常见的元素,如太阳、月亮、公交车、蚂蚁,或者身体变化,设计了能够引起学生学习兴趣、创作热情的课程;通过画、撕、剪、贴、拓印等方法,让学生体验各种媒介、材料和工具,在《大脚丫》《民间玩具》《剪纸动物》等课中,学习了我国传统工艺美术;在《纸杯变变变》《打扮相框》等课中,学生用纸杯、相框等生活用品进行装饰设计,学会动手表达自己的所感所想,养成设计意识和废物利用的环保理念;在《小人国》《顶天立地》《高个子和大胖子》等课中,通过对比学习了美术知识。

二、3—5年级的美术课程设计目标

- 能运用造型元素、形式原理和欣赏方法，欣赏、评述艺术家的作品，感受中外美术作品的魅力。
- 能运用传统或现代的工具、材料和媒介，创作平面、立体或动态等表现形式的美术作品，表达自己的所见所闻、所感所想，学会以视觉形象的方式与他人交流。
- 了解"实用与美观相结合"的设计原则，为班级、学校的活动设计物品，体会设计能改善和美化我们的生活。
- 能利用不同的工具、材料和技能，制作传统工艺品，学习工艺师敬业、专注和精益求精的工匠精神。
- 能将美术与自然、社会及科技相融合，探究各种问题，提高综合探索与学习迁移的能力。

设计课程时，目标常常是统一的、互相结合的。湘美版小学美术四年级下册《变形的魅力》一课，由哈哈镜、水中倒影引出"变形"的概念，引导学生关注生活，从生活中探寻、发展美；学生欣赏了世界名画《呐喊》；通过我国经典故事中的人物哪吒和我国著名艺术节目《千手观音》，学习了变形和重复的美术表达，了解了凤凰形象的现实原型，体会了我国传统纹样的魅力。在实践创作中，学生通过绘画和手工两种形式，体现了独特的创意。（图3-2-1至图3-2-4）

图3-2-1 《变形的魅力》

图3-2-2 变形作品制作

图3-2-3 重复变形

图3-2-4 重组变形

三、6—7年级的美术课程设计目标

- 能运用造型元素、形式原理和欣赏方法，欣赏、评述世界不同国家和地区的美术作品，领略世界美术的多样性和差异性，养成尊重、理解和包容的态度。
- 能运用传统与现代的工具、材料和媒介，以及习得的美术知识、技能和思维方式，创作平面、立体或动态等表现形式的美术作品，提升创意表达能力。
- 能根据"人与自然和谐共生"的设计原则，对学校或社区进行环境规划，增强社会责任意识。
- 能利用不同的工具和材料，制作或创作工艺品，体会传统工艺"守正创新"的内涵与意义。
- 能结合校园现实生活创编校园微电影，将不同学科的知识融为一体，增强综合探索与学习迁移的能力。

第一学段和第二学段的课程设计，常常会借助生活用品、游戏、动画、故事等学生亲身经历过或喜爱的事物来进行教学，从而实现课程目标。这样更能激发学生的学习兴趣，也更方便学生理解。到了第三学段，课程内容更直接、更深入。以湘美版小学美术六年级下册为例，《形色协奏曲》（图3-2-5至图3-2-8）一课插入了6幅中外名画，学习活动中要求学生掌握色块变化、画面节奏，体验颜料水与色、色与色的混合晕染特质，突出了美术学习任务的专业性。

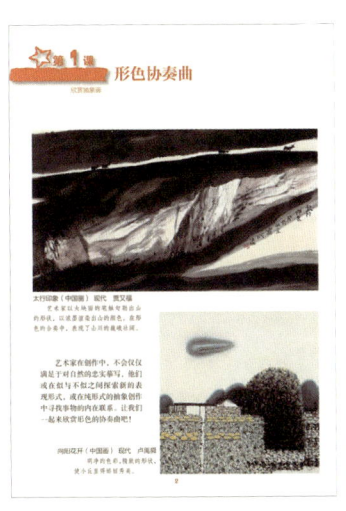

图3-2-5 《形色协奏曲》

图3-2-6 形色和谐作品

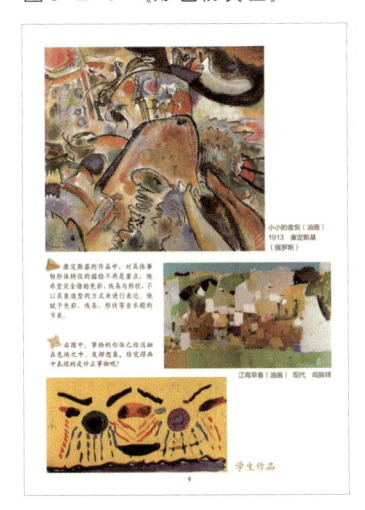

图3-2-7 艺术家作品欣赏

图3-2-8 学生形色作品

学习小结

通过本节的学习,我们了解了小学三个学段的美术课程设计目标,认识了小学美术课程设计目标在实际运用中的表现。

练习实践

1. 谈谈你对小学美术课程设计目标的理解。
2. 小学三个学段的美术课程设计目标有什么变化?你是怎样理解这种变化的?

第三节
中学美术课程设计的目标

《义务教育艺术课程标准(2022年版)》对义务教育阶段中学的美术课程目标提出了详细的要求。中学美术课程设计目标随着学情的变化而逐步调整,这种调整是递进的,影响着学习方式和学习内容。本节将详细阐述中学美术课程设计目标,其中7年级在上一小节已经呈现,此节不再赘述。本节仅阐述8—9年级的美术课程设计目标。

- 了解美术产生的背景及不同时代、地区、民族和国家的美术特征,知道中国古代经典美术作品,以及近现代反映中华民族追求独立解放和党团结带领人民进行革命、建设、改革的美术作品,增强对伟大祖国、中华民族的情感,传承红色基因,坚定文化自信,形成开放包容的心态和人类命运共同体意识。
- 能创作平面、立体或动态等表现形式的美术作品,创造性地表达对自然与社会的感受、思考和认识,发展创造性思维能力。
- 了解"设计满足实用功能与审美价值,传递社会责任"的设计原则,能为学校或社区的学习与生活需求设计作品,形成设计意识,增强社会责任感。
- 了解非物质文化遗产的含义,制作传统工艺品或文创产品,认识继承与发展文化遗产是我们的责任。
- 理解美术对个人发展、社会进步及构建人类命运共同体具有独特的作用,进一步提升综合探索与学习迁移的能力。

学习小结

通过本节的学习,我们了解了中学两个学段、三个年级的美术课程设计目标,认识了各学段学习任务不同的任务目标内容。

练习实践

1. 谈谈你对中学美术课程设计目标的理解。
2. 中学美术课程设计目标有什么变化?你是怎样理解这种变化的?

第四节
美术课程设计目标的类型

美术课程设计是美术学科服务于人才培养的关键要素之一。美术课程应围绕核心素养,体现课程性质,反映课程理念,确立课程目标。核心素养是美术课程育人价值的集中体现,是学生通过美术课程学习,逐步形成的适应个人终身发展和社会发展需要的正确价值观、必备品格和关键能力。

> **思考**
>
> 请阐述你所理解的美术课程设计目标的类型。

一、基于学习阶段的美术课程设计目标

课程标准指出,要重视学生在学习过程中的艺术感知及情感体验,激发学生参与艺术活动的兴趣和热情,使学生在欣赏、表现、创造、联系、融合等过程中,形成丰富、健康的审美情趣;强调艺术课程的实践导向,使学生在以艺术体验为核心的多样化实践中,提高艺术素养和创造能力。依据分段设计思路,美术课程包括四个学段,分别是第一学段(1—2年级)、第二学段(3—5年级)、第三学段(6—7年级)、第四学段(8—9年级)。

某教师在上《手形添画》这一课时,根据孩子喜欢玩耍的天性,以手作为美术表现的手段。孩子们举起小手,不断变换手的动作和形态,在纸上比画着。奇迹出现了:平时普通的手势,在大家的想象添画下,有的像可爱的小狗,有的像张牙舞爪的大螃蟹,有的像昂首翘尾的大公鸡,有的像猫,还有的像仙人掌……形象非常生动。在教师表演示范和欣赏优秀学生作品后,孩子们争着玩起来,有的用手做出了蜗牛、小鱼、蝴蝶等形象;有的通过变换手的方向或纸的方向,进行组合构成,使其成为一幅完整的画面。这种游戏活动,对于发展孩子的形象记忆、联想和创造性思维能力十分有益。

该课属于第一学段的"造型·表现"学习领域。第一学段的学习目标包括能感知身边的美,认识美存在于我们周边,初步形成发现、感知、欣赏美的意识;能使用不同的工具、材料和媒介,按照自己的想法,以平面、立体或动态等表现形式表达所见所闻、所感所想。因此,教师要积极为学生创设有利于激发创新精神的学习环境,通过思考、讨论、对话等活动,引导学

生在美术创作活动中,创造性地运用美术语言表达所想,鼓励学生开展探索性学习,发表自己的见解。

二、基于学习任务的美术课程设计目标

义务教育阶段的美术课程,每一学段均设置5项学习任务,5项学习任务既各有侧重,又相互联系。每一学段均以注重发展学生审美感知和文化理解素养的"欣赏·评述"为起点,到以强调发展学生艺术表现和创意实践素养的"造型·表现"和"设计·应用",再到加强课程内容、社会生活与学生经验之间联系的"综合·探索"。义务教育阶段共设置20项学习任务。以下是基于学习任务的美术课程设计目标案例。

(一)教学目标

基于学习任务的美术课程设计目标是让学生以学习任务为本位,掌握以下能力:

(1)能够运用所学的美术知识和技能进行创作,包括绘画、雕塑、陶艺等;

(2)能够观察、分析和品评图像,强化审美能力;

(3)能够发现生活中的美,发现自然和文化环境中的美,培养美感;

(4)能够借助交流、审查、策划和调整,进一步提高创作和创新水平。

> **思考**
>
> 请列举你所了解的美术学习任务,并概述其形式。

(二)教学步骤

1.了解学生的艺术兴趣和需求

在上课前,教师可以询问学生的艺术兴趣和需求,了解学生学习美术的动机和目标。这可以帮助教师更好地定位课程的内容,并且可以更有针对性地开展教学。

2.以图像和色彩为主题开展教学

美术学科的核心是色彩和图像,所以教师要以这两个方面为主题,引导学生了解相关的知识和技能,包括色彩的基本原理、色彩的运用技能、线条和形体的表现、图像的构建等。

3.鼓励学生创作

学生的创作活动是美术课程的重点,教师可以设置不同的创作任务,鼓励学生运用所学的知识和技能进行探索和实践。

4.分析和品评学生作品

在学生完成创作任务后,教师要对学生的作品进行分析和品评,可以按照一定的标准和

要求来进行评定,指出学生的优点和不足,并且可以根据学生的需求和潜力,给予一定的指导和建议。

5.开展合作学习和评价

本次课程的教学目标是帮助学生提高创作水平和审美能力,这个过程要通过合作来实现。教师可以让学生自组小组开展合作交流,共同完成一个大的创作任务。在完成任务后,学生可以互相评价,分享经验和成果。这样可以有效地促进学生的交流和学习。

三、教学评估

根据教学目标,可以通过以下几种方式进行评估:

(一)自评和互评

在学生完成创作任务后,可以开展自评和互评。学生可以根据课程目标和要求,对自己的作品进行评价,也可以交流,互相提出建议和意见。

(二)作业评定

教师可以根据学生的作品,按照一定的标准和要求进行评定。评定的标准可以包括色彩、图像、造型、表现方式、创意等。评定的结果可以反映出学生的学习情况和创作水平。

(三)课程反馈

在课程结束后,可以对整个教学过程进行反馈,让学生表达对课程的看法。教师可以根据学生的反馈,对课程进行调整和改进。

学习小结

通过本节的学习,我们初步了解了义务教育美术课程设计目标的类型,包括以学习阶段为本位的美术课程设计目标和以学习任务为本位的美术课程设计目标。

练习实践

1.谈谈你对美术课程设计目标的认识。

2.你认为达成美术课程学习目标的基本方法有哪些?你是怎样运用这些方法的?

第四章

基于OBE教育理念的美术课程设计内容与策略

学习目标

- 了解OBE教育理念的基本概念。
- 理解OBE教育理念在教育中的重要价值。
- 掌握OBE教育理念在美术课程设计中的应用策略。
- 能在OBE教育理念指导下对课程资源进行筛选,并结合具体课题开展美术课程设计。

知识导图

基于OBE教育理念的美术课程设计内容与策略

- 第一节 OBE教育理念概述
  - OBE教育理念界定
  - OBE教育理念应用实践
  - OBE教育理念对教育教学的影响

- 第二节 OBE教育理念下的美术课程分层目标与评价
  - 美术课程与OBE教育理念的关联
  - OBE教育理念下的美术课程的分层目标
  - OBE教育理念下的美术课程评价

- 第三节 OBE教育理念下的美术课程设计内容与策略
  - 美术课程设计内容
  - 美术课程设计策略

第一节 OBE 教育理念概述

一、OBE 教育理念界定

OBE（Outcome Based Education）教育理念，即成果导向教育理念。该理念从确定教学目标到实施教学过程再到最后成果达成，形成了一个完整的闭环式教育思维体系。美国学者斯派蒂于1981年首次提出成果导向教育理念，并于1994年在《以结果为基础的教育：重要的争议和答案》一书中明确了OBE的概念、内涵及操作体系。斯派蒂认为，OBE是指在某一阶段学习结束后，围绕所有学生能够获得的关键结果组织教学活动的一种教育模式。这意味着在教育活动开始之前，教师就对学生能够获得的学习结果有清晰的构想，然后设计课程、组织教学和实施评价，确保实现这个学习结果。

当下，OBE教育理念已经成为推动教学改革的重要理念，并正在向学科教育渗透。OBE教育理念以成果为导向，以学生为中心，采用逆向思维的方式进行课程体系建设。经过多年的教育教学实践，OBE教育理念现已形成一套较为完备的教育体系，具有很强的操作性和指导性。

二、OBE 教育理念应用实践

20世纪70年代，教育家泰勒在行为主义的基础上，以学生的学习成果为研究对象，提出以课程设计的方式来引导学生自主追求学习成果，以期改善学生课后的学习行为。泰勒的学生布卢姆根据其研究成果，制订了"布卢姆教育目标分类法"。同时期的马杰和加涅分别提出了教学目标、教学设计等概念。在此之后，基于行为主义的目标课程模型影响逐渐减弱，直到1975年，斯滕豪斯提出，教育的重心应该是学生的学习，而不是可衡量的结果。成果导向教育理论又回归主流教育视野。

20世纪80年代初，为克服教育实践中面临的问题，斯派蒂提出了OBE教育理念，第一次明确提出了重点明确、机会扩展、高期望值、向下设计四个原则，强调学习成果、学习需求、学习过程和学习评价体系。在随后的实验中,斯派蒂通过逆向设计教学环节和教学标准,建立了以学生学习成果为核心、与成果导向教育理念相适应的评价机制。20世纪90年代,OBE教育理念在基础教育改革中被广泛应用,并得到了职业教育领域的广泛重视。经过不断实践,OBE教育理念也逐渐完善。

21世纪以来,OBE教育理念的研究和应用不断深入,从课程、单元教学等微观研究领域,逐渐渗透到基础教育学科的教学领域。

三、OBE教育理念对教育教学的影响

在OBE教育理念中,课程是人才培养的核心要素。OBE教育理念在基础教育的美术学科教学中,对课程教学和课程设计都产生了较大的影响。从成果导向出发能更好地开展教学活动,取得较好的成效,主要表现在以下方面。

(一)明确了学生学习结果的框架

在OBE教育理念指导下,以预设的学习结果为课程教学目标的趋势更加明显。《义务教育艺术课程标准(2022年版)》对美术课程学习应该达到的目标、应掌握的知识技能以及学生素养提升等都做了详细的说明,对于实现OBE教育理念下的教学目标提供了更为确切的指导。教师可以根据自己的教学特点和专业特长,结合学校所在地的美术资源,创造性地进行教学活动。教师要结合学情,处理好知识与技能的关系及教学内容各板块间的关系,对课程标准进行认真梳理,形成美术课程教学模块化教学目标,防止因板块的分割而导致美术知识的碎片化。

(二)教学时间的选择更为灵活

在OBE教育理念指导下,美术课程教学时间的选择更为灵活。OBE教育理念指导下的美术课堂将不再以分数为唯一标准。美术教师可以根据学情和教学目标,灵活调整教学进度,避免程式化的教学现象,因此,在OBE教育理念指导下,教师在课堂教学和课外协同教学方面,将有更为灵活、有效的时间管理策略。

(三)以学生为发展中心

OBE教育理念指导下的课程建设,能更好地促进人才培养目标的完善。OBE教育理念强调从以"教"为中心向以"学"为中心转变,要求遵循人才培养规律,以学生学习效果和个性发展为中心组织课程内容及教学活动,实现人人都能成功的目标。因此,这种教学更有助于因材施教,有助于每个学生更好地发展。

OBE教育理念指导下的教学评价,弱化了学生间的横向比较,强化了学生自身发展的纵向对比,对学生的学习接受情况和教师教学设计的有效性更为关注。教师在构建美术课程

内容体系时,要结合实际,注意将美术知识、美术技能、审美素质有机整合起来。美术课程教学中,显性课程目标与隐性课程目标应相互交融,使人人都能获得成功,避免传统美术教学中评价单一的问题。每个学生在OBE教育理念下都能获得成功的快乐。

(四)聚焦学生学习和能力达到的最高水平

OBE教育理念有着更为科学的教学考核体系。学生学习后能达到的最高学业水平,是衡量教学成效的重要指标。OBE教育理念指导下的教学评价,提倡对教学活动进行全方位、全过程的跟踪、诊断与评价,并将评价结果用于课程改进,建立持续改进的质量保障机制,推动课程质量螺旋上升。

要实现从知识课堂向能力课堂的转变,就要在教学目标达成方面进行变革。学生学习的最终结果,是学生通过某一阶段的学习后,所能达到的最高水平。要立足社会对人才的需要,以学生学习成效为导向,聚焦学生"通过课程学到什么、能做什么"这个问题来建设课程。可见,在OBE教育理念指导下,教师在教学中更加关注能力目标的达成。

学习小结

通过本节的学习,我们了解了OBE教育理念的产生与发展及其对教育教学的影响。

练习实践

1. 简述OBE教育理念的产生和发展。
2. 收集基于OBE教育理念的美术校本课程案例。

第二节

OBE教育理念下的美术课程分层目标与评价

OBE教育理念在欧美国家已经运用了几十年,积累了丰富的实践经验。这些经验对我国基础教育改革提供了重要借鉴,也对推动我国教育理念的现代化、国际化具有一定的参考价值。本节我们将系统探究OBE教育理念与美术课程的关联,为分析OBE教育理念对美术课程教学的指导作用奠定基础。

> **思考**
> 1. 请结合艺术课程标准谈谈美术学科中OBE教育理念的运用策略。
> 2. 谈谈OBE教育理念与美术教育有何契合之处。

一、美术课程与OBE教育理念的关联

明确OBE教育理念与美术课程的关联,是在美术课程教学中融入OBE教育理念的基础。只有两者存在某种程度的关联,这种融合才有可能实现。

OBE教育理念与美术课程教学的过程性特点具有关联性。OBE教育理念注重教学过程中的成果体现,而美术创作的过程性决定了美术教学的过程性,正好符合OBE教育理念。例如,学生在创作一幅作品时,首先是构思创作主题、确定创作风格和创作手法,然后是起稿、完善草稿,最后优化作品,直至完稿。美术教师在教学活动中,对每个环节都要进行教学指导,每一个步骤都有相应的评价策略。因此,在评价学生的美术学业时,就不能以最终的作品作为单一的评分依据。这个过程也符合OBE教育理念。

OBE教育理念与美术课程的创造性特点具有关联性。OBE教育理念强调创新性,而美术课程的一个重要特点就是强调创意,强调打破传统。相较于其他课程,美术课程在这一点上显得较为突出。在人才培养中,美术课程特别重视创造性思维的培养。因此,美术课程在创造性知识的目标分层上有着鲜明的特点。不同年龄阶段的学生,在创造力培养方面的要求也不尽相同。在绘画的评价上,教师也大可不必仅仅将常规教学目标作为评价标准。

二、OBE 教育理念下的美术课程的分层目标

(一)创造性知识结构分层

创造性知识结构分层在美术课程中体现为基础课程、专业课程、实践课程的区分。美术教学活动的创造性体现在多学科综合运用上,需要教师和学生紧密联系现实生活,关注新材料、新科技、新技术,为美术创作提供支撑。创造性知识结构分层与OBE理念的多层次评价体系不谋而合,为OBE教育理念在美术课程中的运用提供了依据。

教师要着力培养学生的创新思维,除了美术基本知识和理论之外,还必须培养学生的创造力,使他们能适应美术课程体系的创新性转变。因此,教师要对美术课程中知识结构分层不科学的部分进行改革,完善教学内容,调整教学学时,注重课程的发展以及和其他课程的衔接。

(二)人文性知识结构分层

人文性是美术课程的重要特性。教师要从美术认知和美术创造的角度对人文知识进行梳理,实现教学目标分层。

学校可以将博物馆作为学习人文知识的重要场所,制订适宜的教学目标。博物馆往往收集了当地富有特色的文物,教师可以引导学生利用博物馆探究当地历史文化,激发学生的兴趣。运用美术元素表现人文性知识,有助于培养学生的家国情怀。

(三)审美性知识结构分层

当前社会,审美越来越多元化,审美性知识结构也呈现出差异化特征。审美感知能力是美术课程教学中最基础的能力目标,是美育的重要组成部分,对于提升全民素养具有重要价值。

在绘画作品欣赏教学中,教师应重点培养学生的鉴赏能力,引导他们了解不同时代不同风格的作品。

在产品设计作品欣赏教学中,教师应重点培养学生评判产品造型的能力,引导他们了解设计的基本原理,以及造型语言与形式美法则的对应关系。

在环境设计作品欣赏教学中,教师应培养学生对人居环境的审美能力,让他们懂得环境设计的基本原理,并能运用这些知识进行环境改造。

(四)情感性知识结构分层

我国各地极具特色的地域文化,共同构成了璀璨的中华文明。将地域文化的审美特征融入爱家乡、爱祖国的教育之中,是实施课程思政的重要途径。教学目标的设置应注重从学生身边的环境入手,强调学生的体验性。美术教师要以恰当的地域文化情感体验目标为切

入点,突出地方文化色彩,引导学生在文化情景中学习美术知识,参与地方文化的传承与交流,使学生更好地了解艺术与社会、艺术与历史、艺术与文化的关系,涵养人文精神。

传统文化情感体验目标也是美术课程情感性知识结构的重要部分。没有对传统文化的认同,民族凝聚力就无从谈起。教师要引导学生从生活中寻找美术创作题材,用艺术手法表现传统节日和民俗,丰富学生对传统文化的情感体验。传统文化情感体验目标也可以分层设定:一是了解传统文化体系;二是从美术的视角评价传统文化的审美特征;三是用美术技法表现传统文化。

三、OBE教育理念下的美术课程评价

OBE教育理念指导下的美术教学评价给予任课教师更多的选择。OBE教育理念强调研究型教学模式而不是灌输型教学模式,强调个性化教学而不是程式化教学。个性化教学要求教师准确把握每个学生的学习轨迹,根据每个学生的目标、基础和进程,制订不同的教学方案,提供不同的学习机会。只要采取合理的教育方式,给每个学生创造适宜的学习机会,制订合适的培养目标,所有学生都能在学习上获得成功感,从而提升学生自主探究的主动性。

OBE教育理念下的教学设计,要求教师首先明确本门课程的学业要求,然后对照学业要求确定与之相对应的教学内容,最后确定完成这些教学内容所需的教学时数。显然,OBE教育理念下的教学设计是按所涉及的学业要求编写的。这样,教师和学生对每一堂课的具体要求都会十分清楚,从而使教师教得明白,学生学得明白。

教师在教学中根据学生实际和课程特点,结合传统文化进行课程设置,有助于OBE教育理念的实施,并从教学成果的角度进行教学设计。教师要善于利用生活中取之不尽的美术教学资源,创造机会让学生贴近生活、观察生活和感受生活。

《义务教育艺术课程标准(2022年版)》将美术划分为"欣赏·评述""造型·表现""设计·应用""综合·探索"四类艺术实践,打破了传统美术教学的知识框架,强调学生自由表现,大胆设计创造,外化自己的认识和情感。各类艺术实践之间的划分并非绝对的,每个领域既各有侧重,又互相交融,形成了具有开放性的课程内容体系。从艺术实践的划分我们可以看出,不论是外化能力、内化品质,还是探索未知、体验情感,新课标都强调一切为了学生的发展,从学生的经验出发。教学方式由被动的接受式转向探究性学习、自主合作学习。课程构建也改变了单纯依靠学科知识体系的思路,在淡化学科中心的基础上,设计出了一个较为宽泛的教学空间。

基于此,美术课程评价应考查学生能否主动学习欣赏的方法,并具有初步的鉴别、评述能力;能否通过查阅资料、个人体验、集体讨论、观摩和评述等方式,领悟美术与生活的关系,探究美术的文化价值和意义;是否了解中外美术发展的概况;能否用自己的语言描述作品的

意义和审美特征。

具体来说，OBE教育理念下的美术课程评价要着眼于以下方面：

第一，要激发学生的好奇心和想象力。实践证明，学生的学习兴趣愈浓，审美教育的效果也愈好。因此，教师课前要做好充分准备，选择的教学内容要符合学生的年龄特点，并能激发其学习热情。教师可以用各种教学手段，如电影、电视范画、参观、访问等引导学生直观感受形象，提高审美能力。

第二，要让学生接触大量高水平的美术作品，丰富学生的形象贮存。中小学的美术欣赏可以是专题欣赏，也可以是举办美术作品展，展示学生和教师的作品等。有条件的学校可以带领学生参观美术馆、博物馆，甚至参观画家的画室或工作坊。

第三，要引导学生学会欣赏自然，欣赏生活，在自然与生活中寻找美、发现美。

第四，要遵循审美的规律，多给学生感悟艺术作品的机会，引导学生展开想象，进行比较。教师不要急于讲解，而应当通过比较、讨论等方法，提高学生的审美趣味。

学习小结

通过本节的学习，我们初步了解了OBE教育理念与美术课程的关联性，OBE教育理念下美术课程的分层目标，以及美术课程评价应关注的几个方面。

练习实践

1. 简述OBE教育理念下的美术课程分层目标。
2. 阐述OBE教育理念下如何保障美术课程教学目标的实现。

第三节
OBE教育理念下的美术课程设计内容与策略

美术是伴随着人类的产生而产生的一门学科。在现代社会,随着生产技术和科学水平、制作工艺以及新材料的不断涌现,美术的内涵和外延也不断发生着变化。因此,我们应根据成果导向来做好美术课程设计的内容选择。

一、美术课程设计内容

(一)从学科发展确定课程内容

1.美术不断满足人们对美好生活的向往

伴随着人类几千年的发展,美术已经融入社会生产生活的方方面面。丰富多彩的民间艺术品有多种分类方法:按照材质来分类,有纸、布、竹、木、石、皮革、金属、面、泥、陶瓷、草柳、棕藤、漆等不同材料制成的民间手工艺品,它们基本上都是天然材料,以手工加工制作;按照制作技艺来分类,有剪刻类、塑作类、织绣类(包括印染类)、编织类、绘画类、雕镂类等。因此,我们可以从美术不断满足人们对美好生活的向往这个角度选择美术课程设计内容。

> **思考**
> 1.列举OBE教育理念下美术课程设计的内容。
> 2.阐述你所理解的美术课程设计策略。

2.艺术发展与科学技术的不断融合

当前,与科学技术相结合已经成为新时代艺术发展的一大趋势。艺术与科学不断融合,能更好地实现服务社会的宗旨。艺术可以为科学的发展提供想象的翅膀,科学能为艺术发展提供更多的新材料、新技术。

国内部分高校已经根据时代发展,设立了艺术与科学专业,培养的人才契合国家文化发展战略,熟悉艺术与科技相融合的表现手段,掌握了展示文案策划、空间造型艺术、空间视觉表达、数字媒体技术应用等相关知识,具有国际视野、交叉学科基础、创新创意能力。将来美术学科的发展会越来越细,新的行业和专业将不断产生。教师应具有前瞻精神,积极为新的专业、新的学科的发展助力。

(二)从学生发展的角度确定课程内容

1.提升审美素养

美术涉及的学科门类很多。教师要引导学生在学习美术知识的同时,很自然地接受其他学科的知识。比如各地遗留下来的传统文化,有的正以惊人的速度流失,这就需要我们关注传统文化,尤其是具有很高审美价值的文化遗存。可以从美术的角度去感受、理解、欣赏,用美术的手段来记录、表现。因此,我们可以从学生发展的自我素养完善这个角度进行美术课程设计。

2.培养美术素养

美术素养是人的重要修养。当前人类社会已进入知识经济时代,科技成为第一生产力,也影响到美术创作的方方面面。它既是美术表现的对象之一,也是美术创作、传播的工具与手段。学生既要具备丰厚的人文知识,又要掌握一定的科学知识,才能更好地了解社会,产生广博而深刻的人生感受与社会体验。因此,我们可以从美术素养这个角度进行美术课程设计。

(三)从社会发展的角度确定课程内容

艺术与科学总是如影相随,科学的进步会为艺术的发展提供更广阔的空间。因此,美术课程设计应注重与现代教育技术的结合,让学生能够在不同的数字平台上学习美术知识和技能,并运用这些工具进行实践和创作;注重互动性和个性化,让学生能够根据自己的兴趣和需求进行学习和实践,发挥自己的创造力和创新思维;注重视觉和音频效果,通过图像、音频和视频等多媒体手段,丰富教学内容,提高学习兴趣和积极性;注重在线学习和远程教学,通过互联网等远程教育手段,让学生可以随时随地进行学习和交流;注重评价和反馈机制,通过数字化工具,为学生提供及时的反馈和评价,帮助他们更好地掌握和应用美术知识和技能;注重教师和学生的培训和指导,让他们了解和掌握现代教育技术的应用方法和技巧;注重教学资源的整合和共享,通过网络平台和数字化资源库等手段,为教师和学生提供更丰富、更全面、更实用的教学资源和工具;注重创新和变革,不断更新和完善教学内容和教学方法,推动中小学美术教育的发展和进步,助推美术教育的发展。

二、美术课程设计策略

(一)互动策略

1. 造型思维与设计思维互动策略

我们所生活的年代,图像信息呈爆炸式增长,常规的图形信息已经无法刺激我们的神经系统。要想在浩如烟海的图像信息中创造出更有价值的信息,就必须在课程设计中融入图像学的相关知识,例如图像是如何传播的？图像思维与设计思维之间的联系是什么？等等。

2. 造型与材料探索互动策略

美术教学不应单纯地进行造型训练,还应利用美术的造型特点,引导学生进行材料应用的探索。例如我们用铝箔、塑料来完成创作时,材料在延展性、抗热性上均会呈现出极大的不同,教师可以有意识地将不同材料运用到教学中,激发孩子们的学习兴趣。

(二)根据学生差异进行课程设计

1. 具有美术天赋的学生

美术学习是需要一定的美术天赋的。对于具有美术天赋的学生,教师在教学中应给予一定的专业帮助,激发他们对美术的兴趣,主动挑战美术学习的难点。教师要引导他们从小学开始储备美术学习所必需的文化知识。课程设计中,表现性课程内容对他们而言十分轻松,在教学中充分发挥其优势,可以有效促进课程设计的实施。

2. 具有美术理论功底的学生

美术课程内容不光是造型和技法,还有美术理论。对于那些喜欢美术理论,文笔较好但是在造型上表现不太突出的学生,教师可以引导他们学习美术理论,提升美术评论水平。教师在美术课程教学中要充分发挥他们的优势,运用科学的教学策略,有效促进课程设计的实施。

3. 美术感知良好的学生

有的学生对美术有着良好的感知能力,综合素质较高,对美术课程设计内容的广度和深度能很好适应,教师要根据成才规律和发展需求,培养他们具备广博的知识。

4. 一般的学生

对于在美术学习中表现一般的学生,教师可以引导他们学习美术思维,用美术课程中的创造性知识激发他们的创新能力,以他们的学习效果和个性发展为中心组织课程内容及教学活动。

5.学困生

在OBE教育理念下,美术课程也有少数美术学困生的学习目标体系,那就是在自我完善的过程中感受美术的快乐。美术教学的一个重要功能就是引导学生去感悟生活,懂得生活,发现生活之美。教师可以通过绘画教学来引导学生抒发自己对生活、对社会、对人民、对历史、对生命、对自然的情感体验,提升学生对现实生活的审美感知能力。

学习小结

通过本节的学习,我们初步了解了关于OBE教育理念下的美术课程设计内容和美术课程设计策略。

练习实践

1. 简述如何根据OBE教育理念进行美术课程教学内容的选择。
2. 收集身边优秀的美术课程设计案例并进行分析。

第五章

美术课程设计的原则、过程与方法

学习目标

- 了解美术课程设计的概念、特点及分类。
- 理解美术课程设计与美术教学的关系。
- 掌握美术课程设计的原则、方法与技能。
- 能独立进行美术课程设计。

知识导图

美术课程设计的原则、过程与方法

- 第一节 美术课程设计的原则
  - 成果导向原则
  - 问题导向原则

- 第二节 美术课程设计的过程
  - 明确美术课程各板块间的关系
  - 制订课程目标
  - 确定课程内容
  - 选择教学方式
  - 明确评价策略
  - 开发与利用教学资源

- 第三节 美术课程设计的方法
  - 结合教学目标进行课程内容设计
  - 提升美术课程内容的普及性
  - 反向设计

第一节
美术课程设计的原则

依据《义务教育艺术课程标准(2022年版)》,结合美术学科特点,制订美术课程设计的原则,是提升美术教学质量的重要途径。美术课程设计的原则为美术课堂教学各环节提供理论支持,有助于进一步完善美术学科的教学策略和教学方法。

一、成果导向原则

以成果为导向开展美术课程设计,是中小学美术课程提升教学实效的重要途径。以成果为导向的美术教学活动鼓励教师在教学中大胆运用批判性思维,采用多元化的教学方式,广泛开展有探究意义的教学活动。成果导向原则强调课程的成效考核,在教学中侧重学生的学业表现,关注学生的自我表现以及学习成果。

1981年,美国学者斯派蒂首次提出成果导向教育理念(OBE教育理念)。这一理念强调,教学成果不应是学生头脑中的各种知识点,而应是学生能运用其在课堂上所学到的知识解决实际问题。也就是说,学生在教学中所获得的实际应用能力,才应是学生学习活动的预期成果。在美术教学中运用成果导向原则,应注意如下三点:

> **思考**
> 1. 你所了解的美术课程设计的原则有哪些?请概述其形式特点。
> 2. 请阐述你所理解的美术教学原则对美术教学的影响。

第一,教师在教学中要明确教学成果目标。美术学科知识跨度大,体系繁杂。在学时安排上,中小学每周的学时基本为1—2学时。在如此短的学时内,要想有效地实现美术课程的育人功能,教学活动就必须围绕教学成果目标展开,减少常规教学中的无效环节。在教学中,教师要预留更有弹性的教学空间。

第二,在美术教学中融合成果导向原则,能更好地调动教学活动的组织者和参与者的积极性。教学活动的组织者可以充分利用美术学科的多元化特征,制订更为科学的教学目标,在美术教学中采用多元化、阶梯性的评价标准,强调个人进步,弱化学生之间的比较。

第三，结合每个学生的具体学情，制订差异化的教育目标。教师要通过对学生学习状态的掌握，不断调整教学策略，真正实现成果导向原则的价值。

《义务教育艺术课程标准(2022年版)》将美术学科课程内容分为4类艺术实践，下面分别进行阐述。

(一)"欣赏·评述"类课程成果导向原则

"欣赏·评述"类课程分为身边的美术、中国美术赏析、世界美术赏析和中外美术简史几部分内容。该板块教学活动的成果导向原则，主要体现在对欣赏与评述的目标分级上。科学有效的分级，是实施这一原则的关键。例如，中国美术赏析与世界美术赏析存在文化的差异性，因此对二者的审美感知也是不同的，实施这一原则的最佳方法就是寻求平衡点，让学生尽可能接受各种审美风格。

教师要注重学生的审美感知。审美感知是学习美术的最为基础也是最为重要的能力，对于提升学生以后在生活与工作中的愉悦感和幸福度具有重要作用。美术课上要尽可能展现各种审美风格的作品，引导学生尽可能全面地了解各种风格流派的美术作品，形成审美的多元性。

(二)"造型·表现"类课程成果导向原则

"造型·表现"类课程是传统美术课程的重要组成部分。这个环节能有效区分学生美术技能水平的高低。"造型·表现"类课程是美术以技法示人的重要基础，也是美术学习的一个分水岭。许多学生在这一板块学习中产生挫败感，失去了学习美术的兴趣与信心。成果导向原则的"造型·表现"类课程教学中，教师要根据学生的基本情况，制订适合的教学目标。

当前，人工智能对艺术创作产生了重大影响。AI绘画技术、数码相机等都能满足人们对常规影像的需求。教师应该思考，"造型·表现"类课程的阶段性学习成果应以何种形态存在，才能既满足人们的艺术需求，又能将艺术与技术相结合。

"造型·表现"类课程重在审美原则的引导。教师要弱化"造型·表现"类课程中塑形的表达，对学生提出不同的能力要求，让学生在学习中找到快乐，找到自信。

(三)"设计·应用"类课程成果导向原则

"设计·应用"类课程是美术课程的重要组成部分，兼具提升广大人民群众生活幸福感和提升学生创造力的重要使命。大到火箭的外观、建筑的造型，小到订书机的外形等，无一能离开设计。"设计·应用"类课程强调对设计思维的培养，要求学生能运用相关知识来美化和改造我们的生活。在成果导向原则下，教师要引导学生注意设计知识与设计思维的区分。"设计·应用"类课程涵盖人体工程学、材料学、心理学等诸多学科，在教学中要注重以下方面：

第一,注重设计对人们日常生活的影响。美术设计是从生活实践中发展起来的一门学科,通过对生活问题的艺术处理,来满足人们对日常用品和环境的艺术需求。

第二,注重培养学生从设计的角度发现问题的能力。日常生活中存在许多大众没有关注的设计问题,如公园的环境问题、老人用品的外观问题。教师要鼓励学生通过调研,提出优化方案。

(四)"综合·探索"类课程成果导向原则

"综合·探索"类课程涵盖美术内部综合、美术与姊妹艺术、美术与其他学科以及美术与社会几部分内容。教师要让学生懂得,艺术是不断发展变化的,随着时代的发展,新技术、新材料会不断出现。教师要通过讲授,让学生对新材料、新技术、新观念有客观的认识。

在教学中,教师应注重本板块的学科交叉性特点。当前,社会知识产生的重要途径就是学科交叉。美术教学活动应鼓励学生进行创新,从社会发展的角度去思考问题。教师要鼓励学生提出自己的想法,但对学生解决问题的程度不做硬性要求,以保护学生的创新意识。

二、问题导向原则

教师要改变以灌输式为主的传统教学模式,转向以问题为导向的学习模式。教师创设丰富的教学情境,以问题情境为美术学习的切入口,引导学生关注社会、关注生活、关注应用。

教师要明确教学实施过程中的关键问题环节,以问题为导向,激发学生的探索欲望。例如,在"造型·表现"板块的教学中,教师可以用问题引发学生思考,让思想走在技法学习的前面。教师可以问学生:你们知道什么是造型吗?造型有什么作用?造型的手段有哪些?我们可以通过哪些途径来提升造型能力呢?这些问题环环相扣,有助于学生宏观把握造型的核心知识,避免学习了素描、色彩、速写等内容后,仍然不知道什么是造型。

在教学中,教师也可以用提问的方式推进教学活动的深入。比如,在生活中哪些因素可以让人获得愉悦感?审美的要素有哪些?提升审美能力的途径有哪些?中国的审美习惯与西方的审美习惯有何不同?审美会受到哪些因素的影响?这些问题都有助于学生加深对美术课程的理解。

学习小结

通过本节的学习,我们初步理解了美术课程设计的结果导向原则和问题导向原则,具体了解了"欣赏·评述""综合·探索""设计·应用""造型·表现"艺术实践中的结果导向原则及问题导向原则。

练习实践

1. 简要阐述美术课程设计的原则。
2. 试述成果导向原则在美术课程设计中的作用。
3. 阐述问题导向原则在美术课程设计中的作用。

第二节
美术课程设计的过程

美术课程设计的过程，是指美术教师以课程标准为依托，以教材为载体，对教学实施过程进行设计的过程。美术课程设计直接关系到美术教学的效果。美术课程设计需要考虑的因素，包括新课导入、学习内容设定、教学重难点的确定、学情分析、教材分析、课程讲授流程等。教师要根据学生的实际情况，灵活运用各种教学方法，对美术教学的全流程进行设计。

一、明确美术课程各板块间的关系

美术学科课程内容分为"欣赏·评述""造型·表现""设计·应用"和"综合·探索"四个板块，通过分学段设置不同学习任务，将学习内容嵌入学习任务中，以结构化的方式整体呈现。美术教师在进行课程设计时，要厘清板块间的关系，抓住审美共性，这对提高教学效率有着重要作用。

为了更好地讲授各板块的知识点，教师往往会采用要素分解的方式来进行美术教学。因此，美术教师在进行美术课程设计时要有整体意识，结合学生实际情况，在教学中明确各板块间的交融问题，避免割裂美术课程的整体性。

二、制订课程目标

《义务教育艺术课程标准（2022年版）》指出，课程目标是基于教学内容、教学行为、学生学习特征而提出的，要体现学科内容、活动特征与学段特点等。艺术课程总目标围绕"审美感知、艺术表现、创意实践、文化理解"的核心素养培育要求，将核心素养在课程目标中进行了具体转化：

在审美感知方面，教师要以培养学生的审美感知能力、获得审美体验为重点，融入从艺术美到自然美、生活美和社会美的感知，旨在培养学生具有一双能发现和欣赏美的眼睛，侧重指向有关审美感知的核心素养。

在艺术表现和创意实践方面，教师要以培养学生运用媒介、技术和独特的艺术语言进行创作、表现的能力，以及能够积极参与各类艺术实践活动，具备丰富的想象力和创造力为目标，侧重指向有关艺术表现和创意实践的核心素养。

在文化理解方面，教师要以引导学生学习中华优秀传统文化、革命文化、社会主义先进文化，感受和理解我国深厚的文化底蕴，坚定文化自信，了解不同地区、民族和国家的历史与文化传统，形成尊重、理解和包容的文化价值观为目标，侧重指向有关文化理解的核心素养。

在聚焦核心素养的同时，《义务教育艺术课程标准（2022年版）》提出的课程目标也融入了在艺术学习和艺术活动中尊重、理解和包容他人、规则意识、责任担当、人际交往、合作交流、学会学习、发现并解决问题等方面的育人要求。

在总目标统领下，美术学科根据学科特点和育人要求，分学段拟定了学段目标。学段目标在表述中既突出了核心素养培育的共同目标，又根据各艺术学科独特的艺术形式、课程内容和学习特点，结合不同学段学生的年龄特点相互关联、适度递进。

三、确定课程内容

《义务教育艺术课程标准（2022年版）》在课程内容的选择上，其策略体现为：

（1）美术课程以对视觉形象的感知、理解和创造为特征，是学校进行美育的主要途径，是九年义务教育阶段全体学生必修的基础课程，在实施素质教育的过程中具有不可替代的作用。

（2）从广义的美术范畴选择课程内容，不局限于绘画，而是从视觉艺术的角度包容几乎所有的美术门类。

（3）传统与现代内容相结合，既有中国传统绘画，也有现代设计、电脑美术等；兼顾美术创作实践、美术知识和欣赏；强调美术学科特色，也关注美术与其他学科的联系；强调基本的美术知识与技能，又保持知识与技能的选择性。

（4）按学习活动方式划分课程内容。在课程内容的分类上，以往的课标采取的策略是根据学科内部的本类划分，形成了三大课业——绘画、工艺、欣赏。新课程标准对课程内容采取的分类策略则是根据学生的美术学习活动方式划分，形成了"欣赏·评述""造型·表现""设计·应用"和"综合·探索"四个学习领域。这种分类策略，使得学习内容超越了学科内部分类的狭隘性，体现了不同美术学习行为在功能和特征上的差异，有利于降低单纯学科分类方式造成的过于专业化程度，符合此次基础教育课程改革改变课程内容繁、难、偏、旧的目标，着眼于对学生美术学习行为的培养和人格的发展。

四、选择教学方式

传统的美术课堂教学偏重于接受性学习，以教师为中心，以教师讲授知识为主要信息传递过程,学生处于被动接受的地位;美术学习也以临摹和单纯的技法练习为主,过度强调美术教学的技法表现。新的美术课程在不否定接受性学习的积极价值的基础上,强调研究性学习、合作学习和自主学习的学习策略。《义务教育艺术课程标准(2022年版)》倡导的教学方式包括:

(1)给予学生更多的感悟艺术作品的机会,通过观察、体验、分析、比较、联想、鉴别、判断等方法,引导学生开展美术欣赏和创作活动。

(2)积极营造有利于激发创新精神的学习氛围,设置问题情境,引导学生进行观察、思考和想象等活动,形成创意和独立见解,并创造性地运用美术语言和其他方式加以呈现和表达。创设一定的文化情境,使学生通过美术学习,加深对文化的认识,加深对艺术作用的认识。引导学生关注自然环境和社会生活。

(3)既重视教师的教,也重视学生的学,促进学生在教师指导下主动地、富有个性地学习,使教学过程成为师生交往互动、共同发展的过程。

(4)在完善接受性学习方法的同时,引导学生以感受、观察、体验、表现以及收集资料等学习方法,进行自主、合作、探究学习,加强美术与其他学科的联系,与学生生活经验的联系,培养学生的综合思维和综合探究的能力。

(5)积极探索各种生动有趣、适合学生身心特征的教学手段。推进信息技术在美术教学中的运用,不断提高现代教育技术水平。

五、明确评价策略

以往美术教学的评价策略非常单一,反映出美术教育界对评价没有给予足够的重视。课程改革之后,随着整体教育环境对评价的重视程度的提高,美术课程对评价的重视程度也随之抬升。《义务教育艺术课程标准(2022年版)》有关美术课程的评价策略包括:

(1)发挥评价的促进作用,帮助学生树立学习信心和发现存在的问题。

(2)强调多主体评价,尤其重视学生的自我评价。

(3)不仅要关注对学生作业的评价,更要关注对学生在美术学习过程中表现出来的美术学习能力、学习态度、情感和价值观等方面的发展,突出评价的整体性和综合性。

(4)既重视终结性评价,也重视形成性评价。采用多种评价方式评价学生的美术作业。

六、开发与利用教学资源

课程资源的开发与利用是伴随着课程改革而被广大教师认识的。以往的美术教学大纲中只有改善办学条件的内容,因此在策略上显得比较贫乏。《义务教育艺术课程标准(2022年版)》在课程资源的开发与利用方面的策略显得更加丰富,具体包括:

(1)有关部门配齐基本的美术学习工具和材料。

(2)各校配齐必备的美术教学设备与器材。学校应配备美术书籍和其他美术资源。

(3)广泛利用校外的各种资源,包括美术馆、图书馆、公共博物馆、私人博物馆、艺术家工作室和艺术作坊等。

(4)开发信息化课程资源,充分利用网络,获得最新的美术教育资源。

(5)充分利用自然环境资源(如自然景观、自然材料等)以及校园和城市生活中的资源(如文体活动、节庆、纪念日、建设成就、重大事件以及城市、社区村庄环境等)。农村、边远及少数民族地区的学校尤其应该因地制宜,充分利用当地的各种资源,开展有特色的美术教学。

学习小结

通过本节的学习,我们初步了解了美术课程的设计过程,明晰了《义务教育艺术课程标准(2022年版)》提出的美术课程设计过程各环节的创新要求。

练习实践

1. 阐述美术课程内容各板块的相互关系。
2. 阐述美术课程设计过程中各环节的要求。

第三节
美术课程设计的方法

好的课程设计方法有助于教学活动的开展。对美术课程而言,教学方法设计是实现教学目标的重要保障。

> **思考**
> 概述美术课程设计的方法。

一、结合教学目标进行课程内容设计

(一)分段实施课程内容设计

教学目标的具体描述,包括学生通过本学科的学习应掌握的技能、知识和能力,是学生完成学业时应该取得的学习成果。美术课程设计应结合教学目标,遵循美术学习规律,体现学生身心发展的阶段性和连续性特点。义务教育阶段的美术课程分为四个阶段:第一学段(1—2年级),以"造型·美术"内容为主,体现从幼儿园综合活动到小学分科课程的过渡与衔接;第二学段(3—5年级),以掌握较为全面的美术基础知识和基本技能为主;第三学段(6—7年级),以增强美术欣赏能力和创意表达能力为主,增强社会责任意识;第四学段(8—9年级),以创造性地表达对自然与社会的感受、思考和认识为主,发展创造性思维能力,进一步提升综合探索与学习迁移的能力。

(二)制订多维度教学目标

美术课程设计应根据新课程标准,对目标内容进行细化,关注因材施教的教学策略。美术的学习是人文学科的学习,教师在确保教学主体目标的基础上,要提高教学目标的针对性。中小学美术教学的第一要务是培养兴趣,让学生享受审美,愿意参与审美创造活动。对于有一定美术天赋的学生,教师可以严格要求,而对于个别学困生,教师可以兼顾美术学习的普及性,对他们进行美术基础的教学。

(三)制订切实可行的评价机制

美术课程设计应围绕美术学习的实践性、体验性、创造性等特点,将学生的学习与实践活动情况纳入学业评价。明确评价依据,创新任务设计、题目命制和评价方式;强调评价的统一要求,重视美术学习的过程性、基础性考核与评价;尊重学生学习美术的选择性,以学定考,根据学生的选择进行专项考核,体现教、学、评的一致性。

(四)注重挖掘课程内容的育人价值

美术教学要以立德树人为根本任务,以核心素养为导向。教师要充分考虑学生的身心发展、个性特点和学习经验,设计并实施教学。教师要立足学生的全面发展,挖掘教学内容多方面的育人价值,结合学生的成长需求,把握显性和隐性、近期和远期、部分和整体的关系,针对学生审美能力和人文素养的发展进行课程设计,使学生通过美术学习陶冶情操,温润心灵,激发学生的想象力与创造活力,充分发挥美术教育培根铸魂、启智增慧的功能。要设计与学生的生活经验、社会现实和当地文化资源相关联的情境与任务,引导学生主动、积极参与美术实践活动,理解美术的形式美和意蕴美,感悟美术学习的意义与美术实践的价值。

二、提升美术课程内容的普及性

(一)通过课程矩阵表达

为了更加直观地体现课程执行标准,教师需要以矩阵形式表达学业要求与课程体系之间的对应关系,这通常称为课程矩阵。课程矩阵的优点是能一目了然地呈现美术课程在学生的学业成就中的贡献,能直观地体现美术课程与教学内容之间的关系。通过课程矩阵,教师可以分析美术课程各知识点之间是互补深化关系,还是简单重复关系,从而为重组和优化课程内容提供依据。

(二)明确美术课程的普及性

在美术课程设计中,教师应关注美术课程的普及性。美术创作活动是运用一定的媒材和技术,表现人的需求、想象、情感和思想的一种艺术活动。美术创作是人类最早和最基本的活动之一。在信息技术迅速发展的今天,美术广泛而深度地融入社会,以丰富和多样的视觉形态传播文化、发展创意、服务社会,凸显其人文性和工具性价值。

美术课程是义务教育阶段艺术学习领域中的必修课程,既与幼儿教育相衔接,又具有自身的特点。其根本任务是培育健康的审美观念,陶冶高尚情操;认识文明成果,坚定文化自信;激发想象力和创造力,培养创新精神,促进学生全面而有个性地发展。为此。美术课程设计要体现出时代性、基础性、选择性、关联性,充分发挥美术学科独特的育人功能,引导学生通过观察、感知、体验、思考、探究、创造和评价等学习活动,形成美术学科核心素养。

美术课程设计要强调基础性和选择性,精选能充分发挥美术学科育人功能的基础知识和基本技能,调动各种资源,使课程内容多样化,并通过增强课程内容与其他学科及社会生活的关联,满足学生全面而有个性的发展需求。

三、反向设计

(一)从教学预期确定课程学习成果

确定学习成果要充分考虑教育利益相关者的要求与期望。学习成果代表了一种能力结构,这种能力结构主要通过课程教学来实现。因此,明确的学习成果对于美术课程设计而言尤为重要。

能力结构与课程体系应有清晰的映射关系。能力结构中的每一种能力都要有明确的课程来支撑,换句话说,课程体系中的每门课程要对学生能力结构的构建有明确的作用。

学生完成课程体系的学习后,应能具备预期的能力结构。这种映射关系,要求美术课程设计应体现出学生完成学习能具备的预期学习成果。

(二)明确培养目标与学业要求

培养目标关注的是学生"能做什么",而学业要求更加关注学生"能有什么"。"能做什么"取决于"能有什么",从这种意义上讲,学业要求是培养目标的前提,培养目标是学业要求的结果。

学业要求是确定课程内容的依据,课程内容应能够支撑学业要求。要把学业要求逐条落实到课程内容中去,从而明确美术课程内容对达到学业要求的贡献度。学业要求与课程内容的对应关系,为确定课程内容和教学时数提供了依据。

学习小结

通过本节的学习,我们初步了解了美术课程设计的方法,包括结合教学目标进行课程内容设计、提升美术课程内容的普及性,以及反向设计。

练习实践

1. 试分析在具体教学中如何结合教学目标进行课程内容设计。
2. 以一具体课程为例,阐述如何提升美术课程内容的普及性。

第六章
美术课程设计案例评析

学习目标

- 了解美术课程四个艺术实践领域的代表性案例及其解析。
- 理解不同艺术实践领域的课程内容要点和目标要求。
- 掌握美术课程设计案例的分析要点及方法。
- 能运用本章的知识,进行美术课程设计。

知识导图

美术课程设计案例评析

- 第一节 欣赏·评述
  - 自然世界
  - 美术作品与美术现象
  - 社会与生活

- 第二节 造型·表现
  - 第一学段(1—2年级)
  - 第二学段(3—5年级)
  - 第三学段(6—7年级)
  - 第四学段(8—9年级)

- 第三节 设计·应用
  - 设计与自我
  - 设计与他人
  - 设计与社会

- 第四节 综合·探索
  - 美术内部综合
  - 美术与姊妹艺术
  - 美术与其他学科
  - 美术与社会

第一节 欣赏·评述

"欣赏·评述"领域的课程主要引导学生对自然美和美术作品等视觉世界进行欣赏和评述,逐步形成审美趣味,提高美术欣赏能力。在教学中,教师应根据不同学段学生的认知特点,精选鉴赏内容,积极探索多种鉴赏方式,引导学生不断提高审美能力和鉴赏水平。

一、自然世界

(一)内容要点

观赏周边自然环境中的山水、树木、花草、动物等,感知其形状美、色彩美、肌理美。

(二)目标要求

1.体会美存在于我们周围的环境之中。

2.能根据周边环境中的各种自然物,运用线条、形状、色彩、肌理等造型元素,以及对称、重复等形式原理,欣赏和评述其中的美。

3.感受自然世界的美并与他人进行交流和分享。

(三)案例评析

案例一(第二学段)

留住秋天

重庆市北碚区龙凤桥小学　李冬雪

教材分析	秋天是金色的季节,是收获的季节,是一个美丽的季节。《留住秋天》是在适时、适景的前提下特意安排的美术单元学习内容,目的是使学生在特定的情境下,能关注大自然、关注生活,善于发现、利用身边的自然资源进行创作表现,陶冶学生热爱大自然、热爱生活的美好情操。

教学目标（节选）	学生能发现树叶有着不同的外形、色彩和质感，并能根据树叶的形状、颜色、质感进行联想。
一、新课导入，激发兴趣	导入：观看第一段小视频——欣赏祖国各个地方的秋景，感受祖国的大好河山，激发学生对祖国各地秋景的热爱之情。 师总结：这就是祖国壮美、绚烂的秋天。古人曾用诗句赞美她：停车坐爱枫林晚，（生接）霜叶红于二月花。山河已秋，却依然充满春天般的热烈。 观看第二段小视频——被风吹落的最后一片树叶。如果你是这片叶子，你会想到什么呢？ 师总结：让我们乘坐这片自由的落叶，开启今天的故事之旅，留住秋天吧！（板书：留住秋天）
二、新授知识，总结方法	图6-1-1 教师范画 1.从叶子的颜色、形状和质感方面进行联想。 2.示范（添画的方法）。（图6-1-1） 根据这片叶子的颜色和形状，教师引导学生联想到它是火苗，再联想如何将火焰的形象变得更加具体。可以加上柴火、食物，让别人看到作品一下子就知道这幅作品里是火焰。教师引导其他同学展开联想，进行个性化的添画，并根据作品想象小故事。

案例一评析

树叶是自然界中最寻常的事物，也是很容易得到的美术材料。树叶丰富的形状和色彩，能够引发学生无限的联想。该案例中，教师首先通过视频让学生初步感知、体会祖国秋景的壮美，体会落叶之美；然后引导学生从落叶的形、色、质等方面进行观察，在感知的基础上，引导学生通过叶子的形、色、质进行合理巧妙的联想；最后以讲故事的方式激发学生的想象，实现从发现美、感受美到创造美的提升。

本案例的亮点在于巧妙地运用自然界中的材料，让寻常的事物发挥它独特的育人价值。

联想的过程其实就是培养艺术思维的过程,实现了审美感知到理解运用的转化。

"欣赏·评述"领域的学习,需要学生大量积累对自然世界的认知,积累美的体验。只有拥有足够的积累,才能创造美。

案例二(第一学段)

多彩的春天

重庆市北碚区人民路小学　江月

\	\	教学活动设计(节选)	\	\
环节	教学内容	教师活动	学生活动	教学评价(育人目标及效果预设)
导入	感受春天的生机	播放万物萌动的视频短片。	欣赏、感受春天的勃勃生机。	在情境中感受春之美,进入学习状态。
新课教学	感受多彩的春天	1.出示春景照片。提问:春天美吗?美在哪里? 2.出示课题"多彩的春天"。	欣赏、感受回答:美在色彩,五彩斑斓。	用心观察。 感知色彩美。
新课教学	识颜色	1.大屏幕呈现春景照片。 2.提问:你从春景里看到了哪些颜色?最喜欢哪一种颜色?从彩笔盒里取出该颜色的彩笔。 3.请学生说一说自己选出的颜色的名称和是在哪幅春景照片里看到的。	1.生观察。 2.生取彩笔并说出颜色。	发现色彩。 培养敏锐的观察力。
新课教学	辨颜色	1.师引导学生观察、辨识不同深浅的颜色。 2.师引导学生观察有两种倾向的颜色,如蓝绿、橘红、橙黄等。	生辨识颜色,学习新知。	感知色彩。
新课教学	玩颜色	1.引导学生用涂鸦等抽象的方式,将颜色画在教师准备好的白纸上。 2.等学生都画完后,教师用喷壶将纸喷湿,请学生观察色彩的变化。 3.小结:在水的作用下,色彩晕染开来,颜色变浅,线条变粗,整体色彩变柔和。(图6-1-2至图6-1-4)	1.学生依次上台,将自己所选的颜色用抽象线条的方式快速画在白纸上。 2.观察颜色在喷水后的变化。 3.说变化。	在趣味活动中提升好奇心。
新课教学	赏颜色	视频展示春景照片。	赏春。	再次感受壮美春景给心灵的震撼。

图6-1-2　学生作品1　　　　图6-1-3　学生作品2　　　　图6-1-4　学生作品3

案例二评析

本案例引导学生走进春天，感受、认识春天的色彩，欣赏表现春天的美术作品，让学生学会用不同的色彩来表达对春天的感受。欣赏是需要层层递进的，大自然本身就很美，学生能直观地感受大自然之美。

本节课的亮点在于，学生在课堂中进行了充分的色彩感知，在教师的帮助下，自主构建基础的色彩知识，并用色彩表达对春天的感受。

大自然就是最好的教学资源。第一学段的学生可以直观地从大自然中感受到春天的色彩，教师仅仅是学生体验美、感受美和表达美的引导者。所以，教师在"欣赏·评述"领域的课程中一定要充分利用自然资源，通过对自然风光的体验，让学生拥有一双发现美的眼睛。

二、美术作品与美术现象

（一）内容要点

1.欣赏世界各国的绘画、雕塑、书法、篆刻、摄影、设计、建筑、媒体艺术等作品。
2.了解中国古代经典美术作品和近现代反映中华民族追求独立解放的美术作品。
3.欣赏剪纸、皮影、年画、面具、泥塑、刺绣、蜡染等不同民间美术作品。
4.发现美术引发的社会反响，例如人们对美术作品、美术活动的讨论。

（二）目标要求

1.了解不同门类美术作品的材料、用途和特点。
2.能够运用美术语言和感悟、讨论、分析、比较等方法对美术作品进行评述；辨析中外美术流派，感受、尊重并理解世界美术的多样性。
3.坚定文化自信，形成开放包容的心态和人类命运共同体意识。

(三)案例评析

案例一(第二学段)

石壁上的九色鹿

重庆市北碚区西南大学附属小学　刘宏森

教学目标:

1.初步感知壁画《鹿王本生图》;

2.学会利用造型、色彩、构图、空间等美术语言分析壁画《鹿王本生图》;

3.通过对古今中外壁画的对比欣赏,初步领略不同地域壁画的魅力。

教学过程:

课前动画:《九色鹿》。

一、谈话导入

谈话内容:九色鹿的故事告诉了我们什么道理?做人要诚信、友善。

小结:九色鹿并不是一只普通的鹿,它其实是真善美的化身。

二、《鹿王本生图》欣赏与分析

活动一:造型与色彩

归纳名画中的九色鹿的形象:

1.色彩:色调古朴、典雅,是一只圣洁的九色鹿。

2.造型:用到了剪影造型,是一只高贵、优雅的九色鹿。

活动二:构图

1.看《鹿王本生图》的全貌,找出情节。

2.这幅画的布局有什么特别之处?人物和背景的安排都十分巧妙。

活动三:空间

九色鹿承载的精神值得永久流传,画在石壁上能让更多的普通大众观赏,利于传播。

利用VR资源观看石窟(图6-1-5)。相较于平时观看艺术品的方式,这样的方式会有不一样的体验。比如:身临其境、神秘感、充满敬畏、神圣、震撼、壮观。

小结:虽然绘画是要靠眼睛来感知的艺术,但当我们置身于这样的空间里,获得的却是全身心的体验。

播放视频1:介绍敦煌莫高窟的壁画(视频从壁画中的九色鹿开始,慢慢放大到整个洞窟,再

图6-1-5　学生观看VR资源里的石窟

到莫高窟全景,接着是丝绸之路的地图,最后是骆驼和商队走向西方各国的场景)。

三、对比欣赏西方壁画与中国传统壁画的异同

世界各国都有壁画这种艺术形式,用今天学会的欣赏壁画的方法,从造型、色彩、构图和空间四个方面进行对比欣赏。

活动一:分组讨论,完成学习单

学生讨论完成学习单(图6-1-6)。

活动二:小组汇报展示

播放视频2:欣赏各种各样的壁画。

总结:它们虽然各不相同,却都在传递真善美,影响了一代又一代的人。

图6-1-6 学生讨论

案例一评析

什么是壁画?壁画与其他绘画形式的区别是什么呢?围绕这样的话题,刘老师以敦煌壁画为例,带领学生领略了壁画的魅力。壁画是世界上最早的美术表现形式之一,可以用视觉传递出最直观的图像信息。古今中外,壁画承载了对大众进行教化的功能。本案例以九色鹿为起点,寻找世界壁画中的真善美。刘老师在课堂中带领孩子们看莫高窟石壁上的九色鹿,感受了壁画中传递出的中华民族传统美德。

本节课的重心是培养学生的审美感知素养和文化理解素养。五年级的学生也许知道壁画是什么,但是受到时空的限制,很难在教室里产生身临其境的体验。刘老师借用数字技术,给学生带来了一场VR艺术体验,这也是对现代教育技术的运用。利用好新技术手段,可以给学生带来更直接的视觉体验。只有给学生足够的艺术体验,给他们更多的感知途径,才能让他们更全面地构建知识框架,进行更充分的欣赏和评述。

案例二(第三学段)

寻找美的踪迹

重庆市北碚区人民路小学 江月

课题	寻找美的踪迹
育人目标	知识与技能:能从材料、手法、思想等多维度去分析、理解、感悟艺术作品,并尝试感受作品的互动性,借鉴《喜剧演员》的艺术表现形式进行艺术实践。 过程与方法:通过欣赏、评述感悟艺术作品的思想与情感,用艺术实践表达自己的感受。 情感态度价值观:能领略艺术的多样性,开阔视野,形成健康的审美情趣,提高审美能力,热爱生活。

学习重难点	识读艺术作品的材料、手法，初步感受其思想和艺术的互动性。			
教学活动设计				
环节	教学内容	教师活动	学生活动	教学评价（育人目标及效果预设）
导入	情境激趣	1.出示课题。 2.模仿作品：将香蕉贴在黑板上。	欣赏、发现。	激发兴趣。
新课教学	初步探索	1.出示作品《喜剧演员》（图6-1-7），激发学生提问。 2.出示文字资料。 板书：材料、手法。 3.播放视频资料（展览现场，作品中的香蕉被吃），引发关于价值的讨论。	1.提问：为什么要贴？艺术家想要告诉我们什么？ 2.通过资料获取信息。 3.分组讨论。	大胆表达自己对艺术价值的看法，接纳别人的观点。
	深入探索	1.引导学生分析作品（创意、材料、美术语言、造型、形式）。 2.分享艺术观点：作品的价值在于人们观看后产生的反思。	1.说创意。 2.分析材料意图。 3.感受作品的艺术美。	提升审美能力。
	迁移运用	1.播放多样化的作品视频。 2.让学生近距离赏析作品。 3.鼓励学生分享。 4.小结：艺术家善于发现生活和自然之美，用朴素的材料、有创意的手法表达情感。	1.欣赏作品。 2.近距离赏析作品的材料、手法，感受作者的思想。 3.分享交流。	拓宽视野，感受艺术的多样化。
艺术实践	万物皆可贴	要求：用《喜剧演员》的表现手法，独自或合作完成一件作品并命名。主题不限。	选取合适的材料，自由创作。	用作品表达自己的思想和情感。
课堂学习评价设计	现场展示	1.鼓励学生分享自己的作品。 2.走近作品才能更好地解读作品。 3.有了互动和讨论，作品才真正完整、有意义。	1.对作品进行欣赏、解说。 2.理解艺术的参与与互动的意义。	体验创作的乐趣，感受艺术的参与和互动。
师生交流	学习收获	引导学生谈感受。	谈收获。	建立学习兴趣。

图 6-1-7 《喜剧演员》

案例二评析

一件荒诞的艺术品引发广泛的讨论,这就是当代艺术品《喜剧演员》。美术作品有的再现生活,有的表现情感,有的还可以交互体验。美术变得越来越多元,美术的边界也在被艺术家们不停地试探与打破。美术出现了各种值得人们思考的现象,其魅力不再仅限于表现美,更重要的是用艺术的力量说话,用美术的方式思考。

三、社会与生活

（一）内容要点

1. 艺术起源于社会生活。社会生活主要表现为个体、家庭及其他社会群体在物质和精神方面的活动,包括吃、穿、住、行等各个领域。
2. 欣赏不同时期与地区的美术作品,领略美术作品中不同时代的社会生活。

（二）目标要求

欣赏不同历史时期的经典美术作品,了解不同时期和地区的社会生活特点,理解不同时期和地区的社会文化差异。

（三）案例评析

案例（第二学段）

静物一家——农耕文化寄乡愁

重庆市北碚区蔡家小学　徐小钦

导入：了解农耕文化。

（一）甲骨文

出示 (农)。猜猜这个甲骨文是什么字？是"农"字。

师：农的古字形，像一个人手持工具在山林草地耕作。

（二）农具的发展史（播放视频）

师：农业生产离不开农具的使用，它是我们祖先智慧的物证。让我们一起来了解农具的发展历史。

观看视频。

（三）走进重庆巴渝农耕文化陈列馆（图片展示常见农具）

师：今天老师带你们到重庆巴渝农耕文化陈列馆参观里面的农具。看一看，有没有你认识的？

播放视频。

师：里面的农具有没有你认识的？

生1：我认识簸箕，那是扬米去糠的工具，我妈妈常常拿它来晾晒谷物。

生2：我认识锄头，它是翻土工具，我爷爷用它来除草，翻土种番茄。

师：你们真是善于观察生活的孩子。

……

教师小结：这些凝聚先人智慧的农具，为人类社会的发展做出了重大贡献。它们不应该被遗忘。我们用什么方法来记住它们呢？今天，我们用静物写生的方法来记住它们。（图6-1-8至图6-1-10）

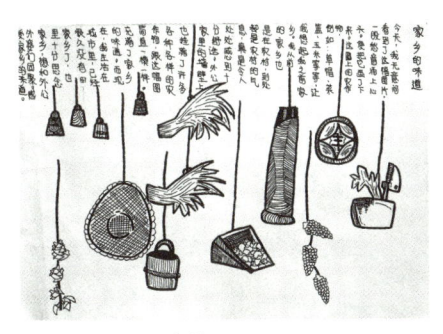

图6-1-8　学生作品1

图6-1-9　学生作品2

案例评析

纵观中国古代农业发展，每一次进步都离不开生产工具和耕作手段的革新。这些承载着先人智慧的农具，就是农业发展之路上留给我们的最有价值的遗产。教师从农耕生活出发，挖掘生活中的美，用画笔勾勒出农具，留住了农耕文化的根和魂。

随着城市现代化进程的加快，越来越多的学生远离了农田。本节课选取学生"熟悉而陌生"的农耕文化题材，不仅提高了学生的学习兴趣，还通过农耕文化审美特质，给学生展现了中国的民族精神与时代风貌。

图6-1-10　学生作品3

以社会生活作为切入点的"欣赏·评述"课程,能够更好地培养学生的文化理解能力和审美判断能力。

学习小结

通过本节的学习,我们初步了解到"欣赏·评述"课程教学的主要内容,认识到"欣赏·评述"课程的教学要点及方法。通过剖析不同主题的案例,我们可初步掌握"欣赏·评述"领域的课程设计方法和步骤。

练习实践

1. 请列举你所了解的1—4学段的代表性的美术作品,并鉴赏其艺术特点。
2. 请设计一个"欣赏·评述"艺术实践领域的教学设计。
3. 谈谈你对"立德树人是艺术课程的根本任务"这一观点的看法。
4. 阐述《义务教育美术课程标准(2011年版)》与《义务教育艺术课程标准(2022年版)》对美术课程性质界定的区别。

第二节
造型·表现

"造型·表现"领域的课程主要运用不同的工具、材料和媒介,以平面、立体或动态等表现形式表达所见所闻、所感所想,培养学生的基本造型能力和创造性思维能力。在教学中,教师应引导学生主动寻找与使用不同材料探索各种表现方法;不仅要关注学生美术学习的结果,还要重视学生在活动中参与和探究的过程;不以单纯的知识和技能传授为目的,而要贴近学生不同年龄阶段的身心发展特征与美术学习水平,鼓励学生积极参与造型与表现活动。

一、第一学段(1—2年级)

(一)内容要点

1. 体验不同工具、媒材的表现效果,如水墨、版画、泥塑等相关的工具和材料。

2. 尝试用纸、泥等多种媒材以及简便的工具,通过折、叠、揉、搓、压等方法,进行造型活动;通过对印、剪贴、刻画、拓印、压印等方法制作版画;尝试用数码相机、摄像设备拍摄并制作定格动画作品。

3. 尝试用线条、形状和色彩进行绘画表现活动,借助艺术语言简单表达自己的想法。

(二)目标要求

尝试不同工具,用纸以及容易找到的各种媒材,通过看看、画画、做做等方法,大胆、自由地表现所见所闻、所感所想,体验造型活动的乐趣。

(三)案例评析

案例一

有趣的拓印

重庆市北碚区朝阳小学 袁小双

教学过程	
一、魔术导入	老师用笔和纸给你们变一个魔术,想看吗?为什么会有字出现呢?再摸一摸字,是凹进去还是凸出来的?凹进去的能不能涂上颜色?凸出来的呢?纸上出现了什么?(揭示课题)
二、找纹理	1.你发现生活中哪些物体的表面有凹凸不平的纹理? 2.请找出藏在抽屉里的宝贝,拿出来,摸一摸,找找物品的哪个面有纹理,你最喜欢哪一种纹理?(发现美)
三、拓印纹理	(一)尝试拓印:回忆老师的魔术表演过程,把你最喜欢的那一部分纹理拓印下来。 (二)问题呈现:纹理拓印出来了吗?拓印出纹理的孩子请举手。你们在拓印的过程中有没有遇到困难?请说一说。 (三)解决方法: 1.要成为一名合格的魔术师,需要找到正确的拓印方法。(图6-2-1) 横握涂色(板书:握);用力均匀(板书:匀);按住纸和物体(板书:按)。 2.有一位魔术师也用这样的方法拓印了一些作品,请看他拓印的纹理与我们拓印的纹理有什么不同?(单色和多色) 练习要求:选择一种或多种颜色,重新把物体的纹理拓印下来。(图6-2-2)

图6-2-1 教师示范　　图6-2-2 学生练习

案例一评析

本课基于低学段学生的身心特点和学习能力,开展难易适中的教学。

1.低段学生对美术材料充满好奇。体验不同工具和媒材的表现效果,开展造型表现活动是小学低段学生在"造型·表现"领域的主要学习内容。本课教师在拓印的媒材上,给了孩子们很多的感知体验。

2.游戏化、生活化的情境设计。本课采用魔术的方式揭示课题,充满趣味,勾起学生的好奇心。拓印这种表现形式,对一年级的小朋友来说可能比较陌生,但在教学过程中,教师通过有趣的直观演示,让学生对学习内容一目了然。在"握、匀、按"等练习中,学生逐步掌握了拓印方法。

案例二

顶天立地——我的妈妈

重庆市北碚区西南大学附属小学　马艳

教学重点:

学会用"顶天立地"的构图方法突出主体形象;通过背景添画让画面更生动、丰富。

教学难点:

在绘画过程中抓住对象的具体特征并加以刻画。

教学过程:

一、解析大主体构图

出示图6-2-3并提问:你们看这三位妈妈,哪个看上去更"顶天立地"呢?为什么?

图6-2-3　示范图

二、分析人物特征

分析人物的脸型、发型、体型、服饰以及五官等。

三、学习绘本表现人物特征的方法

你们能结合这些特征,分析一下绘本里的妈妈吗?绘本是怎么表现妈妈的头发的呢?

用深浅不一的线条来表现,能让头发看上去更有层次。

四、学生作业

请用"顶天立地"的方法画一幅《我的妈妈》。

1.竖着构图,能从外形上显得更高大;

2.在画之前,可以先用手指在纸上比一比,找找头部的位置,做到心中有数,然后再从头部开始往下画,做到"顶天立地"。

案例二评析

此案例是湘美版二年级内容,以学习基本造型知识为主。小学低段的美术教学,知识点不宜设计过难,也不能脱离学生的生活经验。于是,本课运用生活中最基本的元素——线,在人物特征的描绘上,体现本学段美术造型的表现特点。本课重点在表现,在教学过程中,教师用图像对比的方式,讲解"顶天立地"大主体构图的含义,借助绘本的风格和艺术表现手法来解决情境问题。教师用造型各异、深浅不一的线条表现人物特征,借助这种易于表现的艺术语言,体现学生平常对妈妈的观察,符合小学低段美术学习中的平面造型方式。教学过程中设计了一系列自主探究活动,从"顶天立地"的构图到人物特征的刻画,每一笔都表现了孩子对妈妈的所感所想。

二、第二学段(3—5年级)

(一)内容要点

1.学习线条、形状、色彩和肌理等基本知识,并尝试用毛笔、水性颜料、墨和宣纸等传统工具、材料或易于加工的现代媒材、工具和材料,进行有意图的造型活动。

2.用写生(含速写)、记忆、想象和创造等方式描绘事物;运用剪贴、折叠、切挖和组合等方法,进行平面、立体或动态的造型表现活动。

3.学会以视觉形象的方式与他人交流,表达自己的所见所闻、所感所想。

(二)目标要求

初步认识线条、形状、色彩与肌理等造型元素,学习使用各种工具,体验不同媒材的效果,通过观察、绘画、制作等方法表现所见所闻、所感所想,激发丰富的想象,唤起创造的欲望。

(三)案例评析

案例一

新发现

重庆万盛经济技术开发区中盛小学　赵荷艳

教学重难点:

重点:有顺序地观察和表现蔬果切开后的形态和花纹。

难点:用组合线来表现蔬果切开后的形态和花纹。

教学过程:
一、导入新课
1. 出示数张具有连续性的蔬果切开图片,请同学们观察,猜一猜是什么。
2. 出示两张图(横切、竖切),观察有什么不一样。
出示课题:新发现。

二、观察探究,自主学习
选一种水果切开观察,找内部的点线。

三、自主尝试
出示任务:试着用线描的方式画一画你刚才观察的水果切面。

四、解惑示范
1. 刚才尝试绘画时,老师发现这位同学画出了这样的切面。请他来说一说,画的顺序是什么?
师示范:外形——花纹。
2. 现在你们知道怎么画刚才的水果切面了,那表现蔬果切面的其他方式你们知道吗？又是用什么来表现呢?
板书:点、线。
通过点线组合的表现方法把观察的蔬果切面画下来。(图6-2-4至图6-2-7)

图6-2-4 学生作品1

图6-2-5 学生作品2

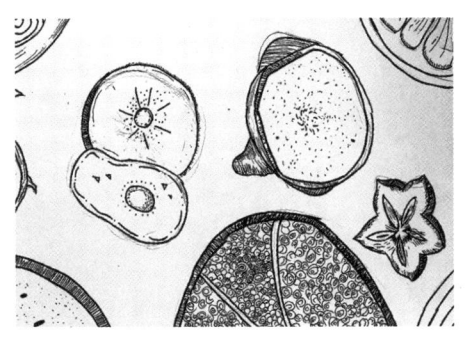

图6-2-6 学生作品3

图6-2-7 学生作品4

案例一评析

本课是湘美版美术三年级上册第六课的内容,属于第二学段"造型·表现"领域的课程,在低段基本造型知识的基础上加大了难度。本课以水果、蔬菜为切入点,采用点、线来描绘事物,先用纹理清晰、线形美丽的橙子,让学生感受横切和竖切在结构和纹理上的异同,再通过从易到难、从规则形状到不规则形状的蔬果的写生练习,使学生充分地感知到用线条和色彩来表现造型的快乐。材料则采用油画棒,在细砂纸上进行平面造型,既拓展了绘画表现技法,也拓展了绘画材料的使用知识。通过本课的学习,学生明白了观察角度不同,观察结果也不同的道理。

案例二

剪纸故事

重庆市北碚区两江名居第二小学 鲁桂利

教学重点:能快速剪出人物动态,并采用合适的纹样装饰。

教学难点:尝试镂空剪法,抓住人物的动态特点,创编剪纸故事。

教学过程:

一、读剪纸故事

播放短片,介绍剪纸文化,引出课题"剪纸故事"。

二、设剪纸情境

1.展示教师剪纸作品(一群成年人在嘉陵江边冬泳的场景)。

2.创设情境:北碚新时代好少年的故事。

三、学剪纸技法

1.剪外形

(1)课件出示真实人物动态照片,与用红纸剪出的小人进行对比。师问:你们看,剪纸和照片中的形象有何不同?

(2)试一试,你能抓住人物动态特征,快速画出一个人的外形吗?

(3)三种方法 { 画稿剪 / 盲　剪 / 对折剪

2.镂花纹

(1)展示对比图片。

(2)折剪、镂剪示范。

学生人物动态练习如图6-2-8所示。

图6-2-8　学生人物动态练习

3.编故事

小组作品如图6-2-9、图6-2-10所示。

图6-2-9　小组作品1

图6-2-10　小组作品2

案例二评析

《剪纸故事》是湘美版四年级下册的教学内容。剪纸是中国传统纸类艺术之一，本课设计为剪、说一体的活动课，以极具趣味性的方式呈现，让学生自主了解剪纸的艺术美。

本课采用传统工具和材料，要求学生根据学习任务大胆地剪出人物外形和装饰纹样，再运用剪贴的方法，完成任务要求的人物动态造型表现活动，最后编成故事说一说。四年级学生已有一定的造型表现基础，动手操作能力也有了较大的提高，能够利用剪纸的形式表达自己熟悉的事物。

三、第三学段(6—7年级)

(一)内容要点

1.能运用传统工具、材料和媒介，如中国画工具、材料和媒介，体验笔墨趣味；能运用现代工具、材料和媒介,如泥、纸、塑料等,创作动物、人物和景物等立体造型作品;能运用计算机、照相机等进行造型表现活动。

2.学习对比、调和等色彩知识,以及简单的绘画构图和透视知识;尝试不同的造型表现方法(写实、夸张、抽象、装饰等),掌握造型元素和形式原理;学习漫画、动画的表现方法,并进行创作练习。

3.运用习得的美术知识、技能和思维方式,描绘事物、表达思想与情感、提升创意表达能力。

(二)目标要求

运用线条、形状、色彩、肌理和空间等造型元素,以描绘和立体造型的方法,选择合适的工具、媒材,记录并表现所见所闻、所感所想,发展美术构思与创作能力,表达思想与情感。

(三)案例评析

案例一

卢作孚爱国主义思想在少儿版画艺术社团的主题实践
——《家乡美》教学实践

重庆市北碚区蔡家小学 徐小钦

一、课堂构架

收集素材 → 转换成线描稿 → 绘制黑白灰关系 → 探究媒材 → 制成版画作品

二、教学重难点

1.教学重点:将摄影图片素材转化为创作线描稿。

2.教学难点:版画的黑白灰关系的处理。

二、教学活动

(一)视频及图片导入

介绍卢作孚对北碚城市建设的贡献。

(二)创作线描稿

1.感受摄影图片和线描作品的异同:主体、取舍、位置、方向以及大小等。

2.选择能够表现卢作孚爱国思想的北碚美景图片进行线描创作。

发现美:表现对象的点、线、面的构成关系。

表现美:取舍—构图(图6-2-11)—画主体(图6-2-12)—画环境(图6-2-13)—调整(图6-2-14)。

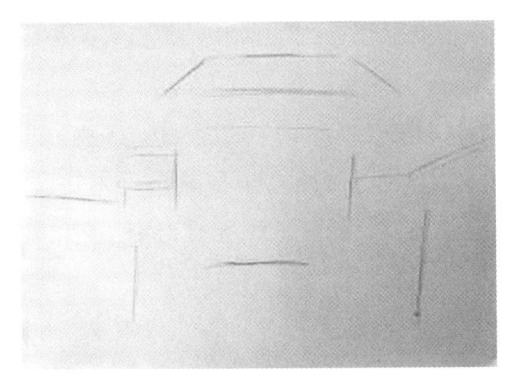

图 6-2-11　构图

图 6-2-12　画主体

图 6-2-13　画环境

图 6-2-14　调整

(三)转换成版画语言

黑白灰关系的处理。

找出画面黑白灰关系—分析概括—画面处理—黑白灰调整。

(四)版画制作

1.了解材料:认识吹塑纸。

2.吹塑纸版画制作过程。

微课展示:吹塑纸版画制作过程。

定稿—转稿—刻制—调整黑白灰关系—印制。

3.制作一幅表现卢作孚爱国主义思想的北碚风景版画作品。

案例一评析

本课根据小学高段学情特点,采用摄影图片创作的方法,方便学生足不出户就能开展写生活动,不受时间和空间的限制。本课旨在教会学生发现美、表现美,将写生画、记忆画和想象画有机融合起来,提高写生创作的实效性;学习简单的绘画构图和透视知识,巧用对比色彩知识，诠释版画中的黑白灰关系，再用马克笔进行处理，观察画面中的黑白灰关系是否协调，并及时进行调整。

少儿版画的制版方式很丰富、灵活，使用的媒材更是丰富多样。生活中许多唾手可得的材料只要合理使用，都可以成为创作版画的原材料。通过习得的构图和透视美术知识、制作版画技能和思维方式，学生能够描绘家乡的美，提高创意表现能力，形成对家乡文化的理解及热爱。

案例二

门钹叩响千年——中国古建筑的回音

重庆市北碚区江北中学　张会秋

教学重点：

探究中国古代不同外形、色彩的门钹的功能。

教学难点：

让学生充分认识门钹的历史价值，掌握门钹的绘画。

教学过程：

一、音频导入

叩响千年中国古建筑的回音——门钹。

二、门钹的基本常识

1.什么是门钹？古代家家户户门上都会出现的门钹是怎么来的？有什么寓意吗？

2.门钹的组成部分有哪些？（展示门钹图片）

三、门钹的形状与铺首纹样的探究

1.在古代，门钹和铺首有哪些形状？

铺首的形状：圆形、方形、异形……

门钹的形状："U"形、圆形、菱形、树叶形……

2.铺首的纹样又有什么讲究呢？（展示图片）

纹样主要分为花卉纹样、吉祥动物、几何纹样、兽头龙面。（在古代门钹是不能随意做成自己喜欢的样子的）

四、门钹——历史的见证者

讲解古代门钹的价值与意义。

五、古今中外的门钹

欣赏古今中外的门钹微课视频。

六、根据不同场景绘制门环

学生作品如图6-2-15、图6-2-16所示。

图6-2-15　学生作品1　　　　　　　　　图6-2-16　学生作品2

案例二评析

本案例基于初中学段的学情设计课程,教学过程中侧重门钹的绘画及其历史价值的讲解,导入课题时采用了大量的门钹图片,引起学生注意,让学生主动探索门钹的造型特点,再通过学习,了解门钹在古代封建制度下与身份等级的密切联系。练习中,采用便捷、易于表现的媒材进行练习。

教学中,教师重点讲解铺首的纹样和门钹的形状的等级特点及意义。课堂上绘制门钹的练习,目的是使学生尝试用含有装饰寓意的造型元素进行造型表现,提高学生运用所学美术知识解决日常生活中问题的能力。

四、第四学段(8—9年级)

(一)内容要点

1.选择计算机、照相机和摄像机等媒介,进行创意表现活动。

2.学习透视、色彩、构图、比例等知识,提高平面造型表现能力;学习速写、素描、色彩画、中国画、版画、漫画和动画等表现方法,进行平面和动态绘画练习;学习雕、刻、塑等方法,创作立体表现形式的美术作品。

3.选择写实、变形和抽象等方式,运用造型元素和形式原理,创造性地表达对自然与社会的感受、思考和认识,发展创造性思维能力。

(二)目标要求

有意识地运用线条、形状、色彩、肌理、空间和明暗等造型元素和形式原理,选择传统媒介或新媒材,探索不同的创作方法,发展具有个性的表现能力,表达思想与情感。

(三)案例评析

案例一

寄情山水间——记忆中的最美潼南

重庆市北碚区西南大学附属中学　杨钰宁

一、课前谈话

二、引出课题

寄情山水间——记忆中的最美潼南。

三、新知讲解

1.知识点1——讲透视空间:中国山水画家独创的空间表现方法:

三远法 { 高远 / 深远 / 平远

活动一:要把从不同角度看到的景色完美地融合在一幅画中,需要合理运用三远法,但一幅画中不一定同时出现这三种方法。

2.知识点2——物体描绘:表现立体感和空间感:

(1)研究和学习表现山石、树木、云水的手法。(图6-2-17)

第一步——勾勒轮廓。

第二步——皴法。

第三步——点染。

图6-2-17　巡视示范

学生活动:结合教材和教师提供的素材,分组分类完成物体描绘练习。

3.中国山水画的历史画卷。

(1)山水画在魏晋开始萌芽。到隋代,山水画成为独立的画科。在发展过程中,山水画出现了两种不同的风格:

北派山水代表:范宽——《溪山行旅图》。

南派山水代表:黄公望——《富春山居图》。

(2)近代中国山水画受到西方艺术的影响,出现了黄宾虹、李可染等画家,代表人物为张大千。

(3)当代中国山水画的中西融合代表人物:吴冠中(有《江南小镇》《油菜花》等作品)。

活动二:请同学们结合今天所学的中国山水画知识,画出你心中最美的潼南。

案例一评析

此案例主要通过学习中国画的表现方法,创作家乡山水画。教师首先创设"最美潼南"情境,引导学生自主探索中国山水画独创的透视空间法:高远、深远、平远,即"三远法"。活动一将从不同角度看到的景色合理地融合在一幅画中。活动二用写实表现的方式,提出中国画表现山石、树木、云水的手法,即勾勒轮廓、皴法、点染,进行细节刻画,提高学生的平面造型能力。整节课由讲解中国山水画的历史画卷,加深学生对山水画的理解,并学会运用中国画特有的造型元素和形式原理,创造性地表达对家乡美景的认识及感受。

案例二

艺术品的收藏与拍卖

四川省达州中学　向昕燏

教学过程:

一、导入新课:探究收藏与拍卖的秘密。

二、探究活动:收藏及拍卖会知识。

三、模拟拍卖。

1.准备阶段:组织一场校园模拟拍卖会。(图6-2-18、图6-2-19)

2.宣传阶段:绘制拍卖目录。

(1)图片应用;(2)字体装饰;(3)色彩搭配;(4)版式设计。

学生活动:根据拍卖会及展品特点,绘制宣传目录。

3.展示阶段:布置展厅。

(1)突出展品;(2)拍卖会形象;(3)互动体验。

学生活动:利用身边已有的工具、材料和媒介,以小组合作的方式进行展厅造型表现。

图6-2-18　课堂讲授1　　　　　　　　图6-2-19　课堂讲授2

案例二评析

在八年级学生已习得的美术知识与技能的基础上,利用新型媒材模拟拍卖会,呈现了一场创意性表现活动。拍卖会的造型活动,从展厅布置的立体造型表现形式,到采用不同的表现方法创作拍卖目录,例如字体、插画等平面造型方式,再加上变形、夸张等造型元素,引导学生大胆、自信、有个性地进行创造性表现。本节课,学生在广泛的文化情境中认识了美术的特征、美术表现的多样性以及美术对社会生活的独特贡献,理解了各类文化的价值。

学习小结

通过本节的学习,我们初步了解了"造型·表现"类课程的设计与实施,认识到"造型·表现"类课程的独特性、多样性、创造性,有利于我们掌握"造型·表现"类课程在四个不同学段的不同教学设计。

练习实践

1. 简述"造型·表现"类课程中,绘画、版画等类型课程的教学模式。
2. 研读案例,分小组收集"造型·表现"类课程的教学模式。

第三节 设计·应用

"设计·应用"领域的课程运用一定的物质材料和手段,引导学生围绕一定的目的和用途进行设计与制作,传递与交流信息,改善环境与生活,逐步形成设计意识和实践能力。在教学中,本领域的课程以形成学生的设计意识和提高动手能力为目的。教学内容的选择应贴近学生的生活实际,将学科知识融入课程内容中,密切联系社会生活,关注环境和生态,突出应用性、审美性和趣味性,使学生始终保持浓厚的学习兴趣和创造欲望。

一、设计与自我

(一)内容要点

1. 从形状、色彩、比例、材料和使用功能等方面欣赏日常生活用品。
2. 从自我需求出发,根据外形和使用功能等提出改进意见,进行装饰和美化。

(二)目标要求

1. 能针对日常生活用品的外形和使用功能提出改进意见,进行装饰和美化,并与同学交流。
2. 知道我们的生活离不开设计,日常生活用品都是经过设计的。

(三)案例评析

案例一(第二学段)

我的书包

江苏省常熟市义庄小学　汪辰钰

本课围绕"我的书包的优缺点和我的需求"展开讨论。书包有容量大等优点,也有太重等缺点,学生对书包有省力等需求。教师运用图片和实物展示相结合的形式,介绍书包的发展历史、结构与功能,以及"以人为本"的设计理念。教师引导学生通过欣赏、观察、分析、小组讨论、想象等活动,了解书包的结构、形状、款式等要素。作业呈现的是学生结合自己的需求,设计的既美观又实用的具有新功能的书包。(图6-3-1、图6-3-2)

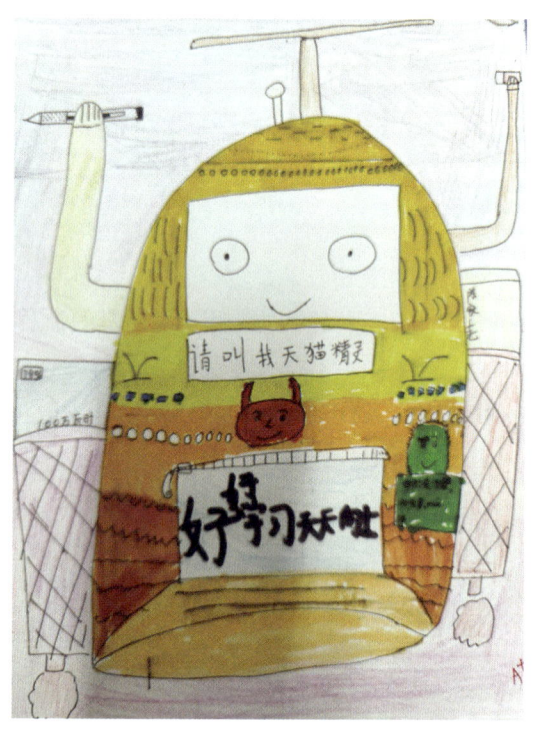

图6-3-1　学生作品1

图6-3-2　学生作品2

案例一评析

案例以书包为主题,针对小学五年级学生的"设计·应用"课程展开,教学内容生动有趣,教学环节设计独特,教学方法灵活多样,值得我们借鉴。

案例从分析书包的不同样式、多种功能来欣赏书包,让学生知道生活离不开设计,日常生活用品都是经过设计的。

案例从学生对书包的需求出发,分析书包的优缺点,让学生发现问题、提出问题并寻找解决问题的方法。教师有序地进行启发,教学流程清晰,启发了学生的创新意识,让学生知道设计的目的是实用。教师通过有目的的活动,突出了美术本体的学习,又从学生的实际生活出发,将设计中的美观性和实用性结合在一起。整个课堂遵循学生的认知发展规律,从学生实际出发,不但激发了学生浓厚的学习兴趣,而且唤醒了学生的创新意识,提高了其观察分析能力,增强了设计意识。

案例二（第一学段）

我的营养早餐

潜江市园林办事处第五小学　肖似泥

一、谈话导入	1.说一说自己吃的早餐。 2.了解各地丰富的早餐。 3.认识早餐的重要性。
二、直观感知	1.跟营养师学习早餐搭配原则。 2.游戏：根据外形和细节猜食物。
三、开拓思维	1.根据圆形联想不同的早餐食物。 2.根据其他形状联想不同的早餐食物。
四、欣赏作品	欣赏学生作品（图6-3-3、图6-3-4），讲解绘画中要注意的问题。 图6-3-3　范例1　　　　　图6-3-4　范例2
五、大胆实践	根据桌上的材料，选择自己喜欢的方式，画一画或做一做，完成一幅主题为"营养早餐"的作品。
六、作品展评	1.展示优秀的学生作品。 2.采用互评或师评的方式进行评价。
七、拓展	欣赏创意早餐，了解早餐的各种创意形式。

案例二评析

案例针对小学一年级的学生进行教学，引导他们尝试使用不同的工具，用身边容易找到的各种媒材，通过看看、想想、画画、做做等活动，进行简单的组合和装饰，体验设计制作的乐趣。

案例通过引导小学生回忆自己吃的早餐和欣赏早餐图片，将他们引到教学主题上来，激发了学习的兴趣。教师根据学生的年龄特点，运用联想的方法，让学生了解食物的特征，并用猜一猜的游戏方式，轻松且愉悦地达到教学目的，培养了学生的创造思维。教师还运用讲述法，适当地进行说明，让学生了解不同食物的作用以及营养搭配的原则，让学生享受搭配营养早餐的乐趣。本案例贴近儿童的生活，符合儿童的心理，能激发学生的学习兴趣，产生较好的学习效果。

二、设计与他人

(一)内容要点

1.观察学习与生活用品,了解"实用与美观相结合"的设计原则,从舒适、美观、便利的角度,发现用品存在的不足,用手绘草图等形式,呈现自己的改进方案。

2.从个人或群体的需求出发进行设计,建立对设计方法的认识。

(二)目标要求

1.能运用"实用与美观相结合"的设计原则,为他人或某个群体设计物品,体会设计能改善和美化我们的生活。

2.能运用造型元素和形式原理,为班级、学校的活动设计各种作品。

(三)案例评析

案例一(第二学段)

彩云衣——旗袍之美 东方之韵

重庆市北碚区蔡家小学 徐小钦

一、初识旗袍	视频欣赏,初步感受旗袍的美。
二、了解旗袍文化	介绍各个时代的旗袍。 小结:旗袍是女性解放的象征。
三、品旗袍之韵	(一)旗袍的样式美 欣赏不同旗袍的领、袖、裙身、开衩。 教师示范一。(强调量体裁衣) 学习活动一:选择合适的模特,为其设计旗袍。 (二)旗袍的细节美 欣赏开襟、盘扣、纹饰。 (三)旗袍的色彩美 柔和对比与强烈对比。 教师示范二。

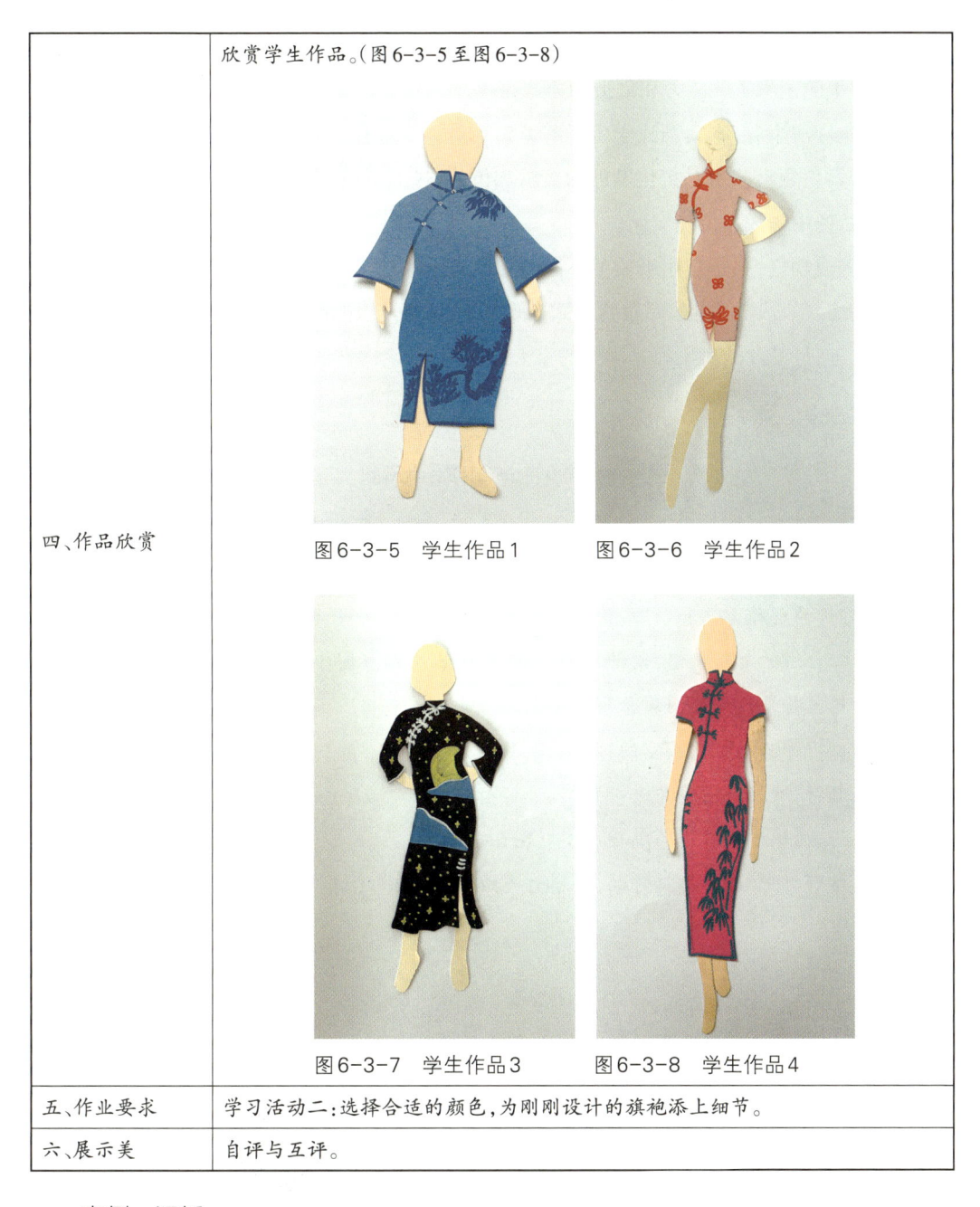

四、作品欣赏	欣赏学生作品。（图6-3-5至图6-3-8） 图6-3-5　学生作品1　　图6-3-6　学生作品2 图6-3-7　学生作品3　　图6-3-8　学生作品4
五、作业要求	学习活动二：选择合适的颜色，为刚刚设计的旗袍添上细节。
六、展示美	自评与互评。

案例一评析

本案例为服装设计，选定的服装为旗袍。案例设计紧紧围绕为自己的家人设计旗袍展开，不仅让课堂与学生的生活紧密相连，而且能增进亲子关系。

本案例的设计围绕艺术核心素养展开。在审美感知方面，学生通过学习能感受旗袍的样式美、细节美及色彩美，丰富审美体验，提升审美情趣。在艺术表现方面，学生学会运用绘制和剪贴相结合的方式来设计旗袍。在创意实践方面，学生通过学习旗袍设计的要素，巧妙地运用人形模特量体裁衣,为自己的家人设计旗袍。这样的设计,有助于学生形成创新意识,提高学生的艺术实践能力和创造能力。

从文化理解来看,本案例让学生了解了旗袍的演变过程,知道旗袍是女性独立解放的象征,有助于学生领会艺术对文化发展的贡献和价值,进而形成正确的历史观、文化观,并能自觉传承和弘扬中华优秀传统文化。

本案例成功之一,是巧用纸质的不同身形的人形模特,让学生充分理解量体裁衣的设计原则;成功之二,是学生在掌握旗袍样式、细节、色彩的知识的同时,还领略了旗袍的文化内涵;成功之三,是设计的对象都是学生的家人,能唤起学生内在的情感,增进亲情。

案例二(第三学段)

灯饰设计与制作(片段)

湖北省宜都市枝城初级中学　吴婷婷

教师示范:

讲解灯饰的创作方法和步骤,选择挖切形式,示范制作一个灯饰。

(1)选择合适的灯饰风格,设计好装饰图案,画出草图。(图6-3-9)

(2)用铅笔将设计好的图案画到卡纸上。

(3)用剪刀等工具挖切镂空的部分。

(4)用颜料、皱纹纸对作品进行装饰。

(5)用折、压等方法将作品整理成型。(图6-3-10)

(6)准备好灯光,展示灯饰作品,观察灯光效果。

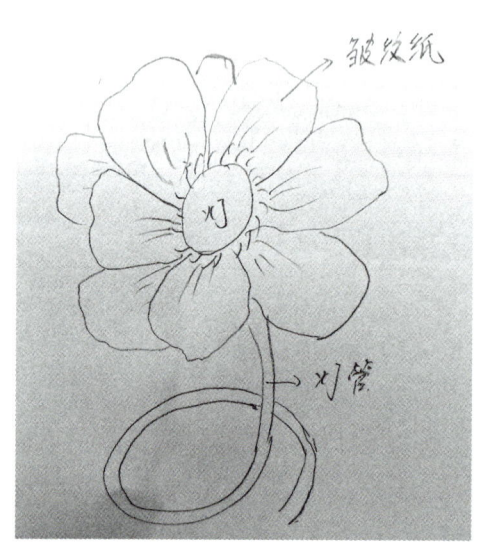

图6-3-9　灯饰手绘草图　　　图6-3-10　灯饰实物成品

案例二评析

案例通过引导学生观察生活中的灯具,让学生了解"实用与美观相结合"的设计原则,从美观、便利的角度,用手绘草图的形式呈现自己的创意,并巧妙地运用颜料、皱纹纸等材料对作品进行装饰,引导学生体会设计能改善和美化我们的生活。

案例三(第一学段)

信封娃娃

重庆市北碚区蔡家小学　徐小钦

一、情境导入	1. 角色扮演:出示信封娃娃迈克。 2. 导演选角:选信封娃娃扮演公主、勇士和巫师,请求帮助。
二、探究制作	1. 学生自主探究制作方法。 2. 制作步骤: (1)撕手臂口; (2)撕贴头、服装的大块外形; (3)装饰:重叠装饰,色彩搭配,特征突出。
三、作品展示	学生展示自己的作品。(图6-3-11、图6-3-12) 图6-3-11　学生作品1　　图6-3-12　学生作品2
四、角色扮演	请被选中的信封娃娃演员一起表演《营救公主》。

案例三评析

教师在教学设计环节做了充分的研判工作,对教材提供的信息和学生的兴趣进行了综合分析,选择了"作品引入—导演选人—探究制作—作品展示—角色表演"这样一条以趣味活动环环相扣的教学主线,尤其是导演选信封娃娃当演员的情境设计,使学生在课堂中的各个环节都能保持高昂的学习兴趣,同时又能激发学生大胆创造独具个性的信封娃娃,将造型方法、色彩搭配知识等巧妙地融入游戏活动过程之中。这一学习方式非常适合低幼阶段学生的年龄特点和认知水平,因此产生了很好的教学效果,也为教师提供了众多值得借鉴的亮点。

三、设计与社会

(一)内容要点

1.根据班级、学校或者社区的不同需求,用手绘或者计算机制作等方式,设计标识、海报、书籍装帧,理解形式、功能和社会责任统一的设计原则。

2.结合生活中常见的或具有地域特色的中华优秀传统文化,设计并制作相关的产品。

3.以小组或个人的方式探究传统与现代工具、材料和媒介,选用多种形式,富有创意地完成作品创作,表达自己的想法、观念和情感。

(二)目标要求

1.能了解"满足使用功能与审美价值,传递社会责任"的设计原则。

2.能为学校或者社区的学习与生活需求设计作品。

3.能结合生活中常见的或具有地域特色的中华优秀传统文化内容,设计与制作相关的产品,并进行展示与交流。

4.能以小组或者个人的方式探究传统与现代工具、材料和媒介,富有创意地完成作品创作,表达自己的想法、观念和情感。

(三)案例评析

案例一(第四学段)

发现与创造——材料的魅力

重庆市第一中学　刘姗姗

一、材质的魅力	1.材质的美感:三峡石的赏析。 2.艺术品中材质的魅力:感受冰雕、根雕的艺术魅力。
二、材料的文化魅力	欣赏各国各时期经典的美术作品,引导学生从材料的角度树立文化自信,感受材料在精神层面对人类产生的影响。

三、发现与创造	1.从材料的角度解读美术作品。 2.发现身边的材料。 3.利用材料进行美术创造：巧妙运用材料，以"人"为主题，创作一件独特的作品。（图6-3-13、图6-3-14） 4.解读作品的材料魅力。 图6-3-13　植物材料作品　　图6-3-14　纸质材料作品

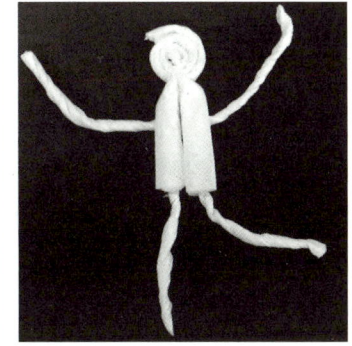

案例一评析

本案例主要内容是发现材料的魅力，然后运用材料创作独特的美术作品。对于材料的灵活运用，是"设计·应用"学习领域的重中之重。材料作为美术的媒材，从方方面面影响着我们的生活。教师引导学生通过观察、讨论发现材料的美感，体会艺术作品中材料的魅力；启发学生突破惯性思维，大胆发现身边的材料，然后利用材料进行美术创作。本案例引导学生拓展课堂知识，鼓励他们在生活中用发现的眼光看待事物与环境，体会创造的乐趣。案例取材新颖，角度与众不同，给人耳目一新的感觉。

案例二（第三学段）

标志设计（节选）

重庆市江津实验中学校　刘茂娇

学生作业、教师引导设计评论

1.课堂作业（三选一）：

（1）为运动会设计一个具有本班特色的标志；

（2）给学校的专用教室设计一个标志；

（3）给学校的音乐会、艺术节、讲演比赛、故事会、家长会、书法比赛、绘画比赛、校庆等活动设计标志。

2.学生分组设计标志，教师进行指导。（师生互动）

3.出示展示板，学生先自评、互评，教师再对学生的作业进行点评（围绕构思、创意、造型、构成、色彩和效果等方面进行评价）。

图6-3-15　运动会标志　　　　　图6-3-16　美术室标志

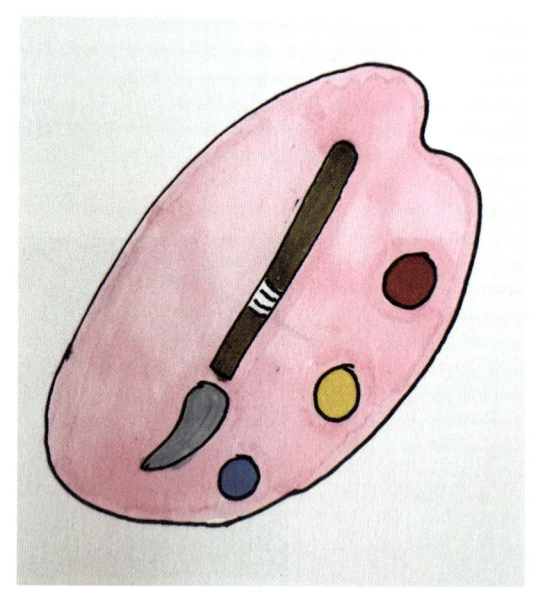

案例二评析

本案例的教学对象是第三学段的学生。教师引导学生学习设计师的思维方式,根据班级、学校的不同需求,用手绘的方式进行标志设计,让学生理解了"形式、功能和社会责任统一"的设计原则。

本案例还有一个优点,就是课堂作业是开放式的作业,可以为运动会设计标志(图6-3-15),也可以给专用教室设计标志(图6-3-16),还可以给学校的各种活动设计标志,学生的选择更多样,作业也更加丰富。

学习小结

通过本节的学习,我们初步了解到"设计·应用"学习领域的主要目标及学习内容,认识到"设计·应用"学习领域的教学方法。通过不同主题的案例分析,可初步掌握"设计·应用"学习领域的课程设计的基本方法。

练习实践

1.说一说"设计·应用"学习领域不同学段的目标。

2.观察社区垃圾分类情况,探究带来这种情况的原因,完成一个关于智能分类垃圾箱的教学设计。

第四节
综合·探索

"综合·探索"领域的课程主要通过综合性的美术学习活动，引导学生主动探索、研究、创造和解决问题。学习内容包括美术内部综合、美术与姊妹艺术、美术与其他学科、美术与社会，内容间相互交叉或重叠。教学强调课程内容、社会生活和学生经验之间的关联性，将所掌握的美术知识、技能和思维方式，与自然、社会、科技、人文相结合，进行综合探索与学习迁移，提升核心素养。

一、美术内部综合

（一）内容要点

1.引导学生运用线条、形状、色彩等造型元素，对称、重复、变化等设计形式原理，感悟、讨论、比较等欣赏方法。

2.结合多种工具、材料和媒介，通过观察、体验、构思、描绘、塑造、设计和制作等表现方式，进行美术活动。

3.创设联系生活的情境，利用各种媒材，制作小道具，进行想象、创作、展示和表达。

4.绘制文化图谱或视觉笔记，设计与制作文创产品，策划传播方案，并进行展示与交流。

（二）目标要求

1.联系学生真实的生活经验，理解美术各学习领域的关联。

2.加强学生对美术学科知识与技能的持续理解，引导学生通过欣赏、表现、创作、融合学习，积极参与班级或小组开展的美术活动，解决美术学科中的关键问题。

3.能根据要求设计或创作作品，促进美术知识与技能的综合运用，形成丰富、健康的审美情趣和综合探索与学习迁移的能力。

（三）案例评析

案例（第二学段）

恐龙世界

重庆市九龙坡区实验外国语学校　仲秋

教学目标：

1.在已有的知识基础上，深入理解在重庆发现的三种具有代表性的恐龙的外形特征。

2.尝试利用综合材料创作出心中的恐龙，培养想象力、实践能力和合作能力。

3.形成科学探究品质，培养对家乡、自然的热爱之情，增进爱护环境的意识。

教学过程：

课前预热：播放恐龙视频（营造氛围，教室前面放一排恐龙玩具）。（图6-4-1）

任务一：交流已有的恐龙知识；观看重庆恐龙化石挖掘视频；观察模型，探究在重庆发现的三种恐龙，学生合作探究其外形特点。

任务二：播放视频；学生观察、触摸材料，展开想象，讨论心中恐龙的样子。

任务三：观看其他小朋友制作恐龙的过程；两位同学一组，运用适合的材料，创作出心中最美的恐龙。（图6-4-2）

任务四：展示评价；学生分享交流，师生共同评价。

本课小结：观看恐龙灭绝倒计时视频；思考反思。

图6-4-1　课堂风采　　　　图6-4-2　学生作品展示

案例评析

本课选自湘美版三年级下册第九课，属于"综合·探索"学习领域的课程。教师以"恐龙"为探究对象，通过欣赏关于恐龙的影片和恐龙化石挖掘视频，引导学生评述交流，牵引出学生已有的知识经验；通过观察模型，从造型的角度深入了解在重庆发现的三种恐龙；准备了丰富的课程资源，包括乡土材料和环保材料，引导学生选择适合的媒材开展艺术实践，创作出心中最美的恐龙；通过展示作品，与同学分享交流，师生共同评价，总结学习成果；将美术与本土文化相结合,掌握身边真实存在的恐龙资料,激发学生学习兴趣,加深学生对地域文化的认识和理解;关注学生发展,通过小组合作探究,真正关注每一位学生,促进了学生的个性化发展。

二、美术与姊妹艺术

(一)内容要点

1.掌握美术、音乐、舞蹈、戏剧、影视等不同艺术的主要表现形式、表现手段和审美特征。

2.利用不同的工具、材料和媒介,以图像、文字、声音等形式,对素材进行整理和分析。

3.开展创意活动,如围绕生日、新年、关爱、环保等主题,创作头饰、面具、布景等,以舞蹈、戏剧、动画等形式进行展演。

4.结合校园现实生活,创作校园图画书、摄影集、动画、微电影或戏剧小品等。

(二)目标要求

1.理解美术与姊妹艺术的关系。

2.能运用多种艺术表现形式,通过创作、欣赏和应用活动,独自或与他人合作表达情感、观念和想象,增进对他人及自我的理解,形成团队协作意识,促进身心健康成长。

3.理解多样化的艺术是丰富人们认识世界和表现世界的方式。

4.提升综合探索与学习迁移的能力。

(三)案例评析

案例(第一学段)

怪兽

重庆市梁平区云龙镇中心小学　肖小川

教学目标:

1.感受不同怪兽的艺术特点;掌握创作怪兽的方法。

2.小组合作运用多种工具和材料,设计制作怪兽并进行表演,激发团队意识和创新能力。

3.感受古代劳动人民的智慧,激发对民族传统文化的热爱之情。

教学过程:

任务一:教师扮演怪兽,激发学生兴趣,师生交流,揭示课题。

任务二:创设情境,探究学习。

场景一:怪兽博物馆。观察分析古代怪兽艺术作品;交流中国古代劳动人民用智慧创作出的怪兽;小结创作方法——拼装组合。

场景二:奇思妙想屋。结合五官可以拆卸的教具"奇奇兔",自主探究将它变成"怪怪兔"的方法,并上台尝试;小结方法——加加减减、夸张变形。

场景三:怪兽化妆间。师生合作,请小朋友同老师一起利用化妆间里的材料,把自己打扮成怪兽。(图6-4-3)

任务三:疯狂制作间。根据创作要求,小组分工合作,完成一个怪兽的装扮,并上台展示,介绍名字和创作方法。

任务四:怪兽展示厅。学生扮演怪兽陆续登场,师生共评谁的设计最有创意,谁的表演最出色,分别用了什么样的创作方法和材料。(图6-4-4)

本课小结:联系生活,拓展知识。展示怪兽在生活中的运用,体悟传统文化的魅力,感受艺术与生活的有机结合。

图6-4-3　课堂风采

图6-4-4　学生作品展示

案例评析

本课选自人美版二年级上册,属于"综合·探索"学习领域的美术课程。课程以美术为主体,运用美术学科知识,通过欣赏和观察,分析古代不同怪兽的艺术特点,关注传统文化的渗透,增强学生的文化自信;通过讲授和自主探究,使学生掌握创作怪兽的方法,包括拼装组合、加加减减、夸张变形;小组合作运用多种化妆工具和材料,设计制作怪兽作品,激发团队意识和创新能力。

本课还结合戏剧艺术,将模拟表演贯穿整个课堂,以儿童喜欢的表演形式引入新课,激发学生的学习兴趣;在探究怪兽艺术特征时,设置了三个戏剧场景,增强课堂学习氛围;在最后的作品展示环节,学生扮演怪兽陆续登场,体验到创作的乐趣和成功的喜悦。

总的来说,本课无论是教学内容、课前准备、教学设计还是教学方式,都体现了很新的教学理念,教学思路清晰,目标明确,教学中突出了学生的主体地位,注重培养学生综合能力,真正体现了为素养而教。

三、美术与其他学科

（一）内容要点

1. 联系学生的日常生活和学习，选择"美术与自然""美术与文化""美术与科技"等1-2个主题开展教学活动。

2. 运用多种美术工具、材料和媒质，采用体验化教学、具身化教学、信息化教学等多种教学方法，以小组合作探究的方式，综合运用不同学科的知识、技能和思维方式，探究身边存在的问题，提出解决问题的思路与方案，并进行展示与交流。

3. 跨学科创作作品，如结合语文、外语、历史、社会等学科内容，创作插图、年表，或编写剧本，设计海报，制作道具，布置场景，并进行表演。

4. 策划传播方案，进行展示、交流、传播。

（二）目标要求

1. 紧密联系现实生活，认识美术与自然、美术与生活、美术与文化、美术与科技之间的关系，重视美术与其他学科的联系。

2. 能针对不同的问题，用美术与其他学科相结合的方式，整合不同学科知识，多角度、辩证地分析问题，运用跨学科的方法，提出解决问题的思路和方案。

3. 引导学生理解美术与其他学科相融合可以富有创意地解决问题。

4. 充分发挥跨学科协同育人功能，培养艺术创新和实际应用的能力，提高综合探索与学习迁移的能力。

（三）课例评析

案例（第二学段）

昆虫记

重庆市北碚区西南大学附属小学　傅梦雨

教学目标：

1. 了解昆虫的结构，描绘其外形和特征；制作《昆虫记》立体绘本。

2. 深入阅读书籍，提取有效信息，用绘画表现昆虫的形态特征、生存环境和生活习性。

3. 增强学生对阅读的兴趣，对科学研究的探索，对艺术表现的提升，培养关爱动物、保护环境、热爱大自然的情感。

教学过程：

课前交流：老师备课时，无意中发现一种动物叫半圆喜马象，很想知道它真实的样子。

请根据名字想一想它的样子。

任务一:想象并创作"半圆喜马象"。引导学生通过昆虫的名称,猜测它的生存环境、生活习性和形态特征。

任务二:走进《昆虫记》,选择喜欢的昆虫进行详细的了解。学习"观察":一是"观"整体形象,了解大致轮廓;二是"察"细节,找出昆虫的头、胸、腹三大部分。

任务三:深入学习和掌握"观"和"察"昆虫的方法。开展"观"整体形象的小练习,了解不同昆虫的外形特征;开展"察"细节的小练习,了解不同昆虫身体的不同细节。小结:"观察"有助于更准确地了解对象。

任务四:学习并掌握昆虫的绘画步骤,按照作业要求,根据收集的昆虫资料完成作品,并剪贴作品。(图6-4-5)

任务五:展示交流,结语拓展(图6-4-6)。以法布尔的《昆虫记》为对象,在艺术与科学的交织中,领略文字与图像的魅力。它们都是认知与表达的语言,将它们有机融合,能引领我们更好地探索世界,获得更多乐趣。

图6-4-5　课堂风采　　　　　　　图6-4-6　学生作品展示

案例评析

本课属于跨学科的"综合·探索"学习领域,立足于美术学科,将艺术与文学、生物学相结合。本课选择的主题富有趣味,以《昆虫记》为导引,很好地进行了跨学科学习。

课程由三部分组成,其中前两部分采用多种教学方法,引导学生进行探究学习。第一部分为探究阶段,以"半圆喜马象"为线索,采用先画后实证的方式,激发学生兴趣,使学生认识到对真实事物的艺术创作不可凭空而造,否则会引发错误的结果。第二部分为观察阶段,学习和掌握"观"和"察"的方法:一是"观"整体形象,二是"察"细节。

第三部分为创作阶段,学习并掌握昆虫的绘画步骤,根据已有的资料完成作品制作。最后将全班的作品进行汇总,形成只属于班级的图文并茂的《昆虫记》。在艺术与文学、科学的交织中,学生领略了文字与图像的魅力,将不同学科的知识进行了有机融合,引领学生更好地探索了世界,获得了更多乐趣。

四、美术与社会

(一)内容要点

1.引导学生以美术课程为主体,整合姊妹艺术和不同学科知识组织教学。

2.运用比较、联想、推理、论证等方法,从一个或多个角度深入探究美术对推动社会发展所起的作用,并利用多种工具、材料和媒介,以及综合性技能和表现方式,进行记录、规划、创作、表演与展示,表达对美术所作贡献的感悟和理解。

3.跨学科创作作品,如结合社会时事,开展专题研究,围绕"美术的贡献",创作绘画作品、雕塑作品、图画书、视觉笔记、立体模型、动画、微电影等,布置专题展览或举办研讨会。

(二)目标要求

1.能将美术与自然、社会及科技相融合,汲取丰富的审美教育元素,深入探究美术对推动政治、文化、经济、科技发展方面的作用。

2.理解美术对个人发展、社会进步及构建人类命运共同体所具有的独特作用。

3.增强综合探索与学习迁移的能力,促进学生身心健康全面发展。

(三)案例评析

案例(第二学段)

科学创造新生活

重庆市沙坪坝区青木关小学　　杨阳

教学目标:

1.了解艺术与生活、媒材、科学的联系;掌握图像识读与艺术表达的关系。

2.通过展示交流和小组探究学习,感受科学力量,表达科学创想,提高对艺术美与科技美的感受。

3.感受科学力量,表达科学创想,达成科学与艺术的融合共生,提高创新思维能力;培养严谨、求真、务实的科学精神;体会传统艺术精髓,增强民族自信心与自豪感。

教学过程:

课前环节(任务一):播放关于人类文明发展的短片(原始文明时代、农业文明时代、工业文明时代、生态文明时代)。(图6-4-7)

导学环节(任务二):视频展示与神话中故事中的顺风耳、千里眼对应的现代科技产品。

探究环节(任务三)：图片展示生活中的科技产品、长信宫灯的科技与艺术价值。

探究环节(任务四)：用任务单展示项目设计方案。

探究环节(任务五)：视频展示杨振宁、李政道实现科学创想的过程。

实践环节(任务六)：用任务单展示设计草图。(图6-4-8)

课堂升华(任务七)：播放关于科学创造新生活的视频。

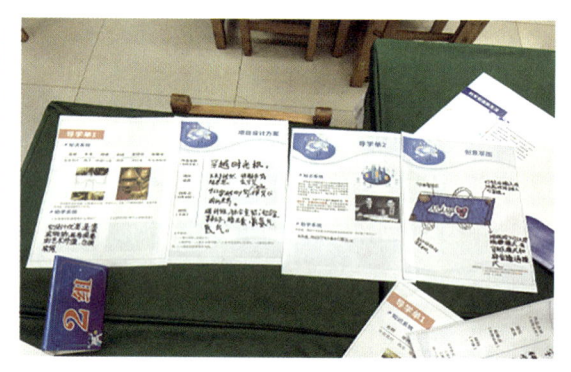

图6-4-7　课堂风采　　　　　　　图6-4-8　学生作业展示

案例评析

本课选自人美版五年级下册第20课，属于"综合·探索"学习领域。

本案例中，教师结合教材知识内容，围绕感受科学力量、探索科学起源、表达科学创想建立起三大情境，运用项目式学习法进行教学。在立足于美术学科知识的基础上，教师在课程设计中融入历史、文学、物理学等跨学科知识，引导学生多角度分析问题、解决问题，理解科学技术就是第一生产力，了解科学研究需要学会观察、善于思考以及具有爱国情怀，学习科学家的团队协作、大胆创新、治学求真等精神。

本案例注重与学生的真实生活相联系，关注学生身边的艺术，紧贴学生生活的实际情况，使课堂始终保持真实性、研究性、探究性，是一堂具有前沿性、创新性、完整性、借鉴性的美术课程。

美术课程的学习不应只停留在书本中。美术要关注艺术、关注生活、关注社会。美术有着认识世界的独特视角，这个视角是区别于其他学科的关键因素。美术具有综合实践性，能让学生在实践过程中，了解家乡的自然环境、人文历史，培养学生沟通交往、组织策划等能力，逐步学会关爱他人、关爱自然、关爱社会。

学习小结

通过本节的学习,我们初步了解了"综合·探索"美术课程的概念内涵,明确了"综合·探索"美术课程的学习目标、内容要点和具体要求。通过美术学科内部综合、美术与姊妹艺术、美术与其他学科、美术与社会四个部分的案例解析,我们可进一步理解"综合·探索"学习领域美术课程设计。

练习实践

1. 通过已掌握的关于"综合·探索"学习领域的知识,尝试节选教材中的一个"综合·探索"课程案例进行解读。

2. 以对节选案例已有的解读为基础,将该案例进行划分,指出其属于"美术学科内部综合、美术与姊妹艺术、美术与其他学科、美术与社会"中的哪个方面,并尝试对该案例进行教学设计。

第七章

美术课程评价的作用

学习目标

- 了解美术课程评价中的教学目标、过程、成果、反思等要点以及相互之间的关系。
- 理解美术课程评价的意义。
- 掌握美术课程评价中相关知识要点。
- 能够独立将美术课程评价落实于课堂之中。

知识导图

美术课程评价的作用
- 第一节 美术课程评价的基本作用
  - 明确美术课程定位，彰显美育的引导价值
  - 提供课程改革依据，完善美术的育人功能
  - 培养学生核心素养
  - 促进学生全面发展
- 第二节 教学目标的评价作用
  - 教学目标评价要点
  - 教学目标评价意义
- 第三节 教学过程的评价作用
  - 教学过程评价要点
  - 教学过程评价意义
- 第四节 教学成果的评价作用
  - 教学成果评价要点
  - 教学成果评价意义
- 第五节 教学反思的评价作用
  - 教学反思评价要点
  - 教学反思评价意义

第一节
美术课程评价的基本作用

2018年9月10日,习近平总书记在全国教育大会上强调:"要深化教育体制改革,健全立德树人落实机制,扭转不科学的教育评价导向,坚决克服唯分数、唯升学、唯文凭、唯论文、唯帽子的顽瘴痼疾,从根本上解决教育评价指挥棒问题。"因此,教育越是深化发展,教育改革越是深度推进,教学评价的作用就越突出。美术课程评价也应该发挥激励、导向和引领的作用。

一、明确美术课程定位,彰显美育的引导价值

正确实施美术课程评价,能够发挥美术课程作为美育手段的重要价值。美术学科具有独特的特点,美术课程评价能够引导教师站在美术学科的角度,运用色彩、线条、造型等艺术语言来实施美术教学,再通过细致的评价实现教师与学生之间的信息反馈,从而使教学落到实处。教师从艺术性角度考查学生,促进学科知识内化,提升学生的核心素养和综合能力,使美术课程的价值得以充分发挥。

> **思考**
> 1. 美术课程评价现状如何?
> 2. 请阐述美术课程中开展教学评价的重要意义。

二、提供课程改革依据,完善美术的育人功能

美术课程有着独特的价值和功能,它能促进个体的审美发展,培养学生感知美、理解美、体验美、鉴赏美、热爱美和创造美的能力。[1]美术课程要把握好各个环节,其中美术教学评价贯穿美术教学的全过程。美术教学评价是指依据美术课程标准和所获信息,对美术教学各环节和效果做出的科学判定活动。美术课程评价包括教学目标的评价、教学过程的评价、教学成果的评价、教学反思的评价等方面。美术课程评价作为美术课堂教学中的重要环节,为美术课程改革提供了依据。

---

[1] 刘冲.走出学校美育的认识误区——兼论学校美育的课程化实施[J].当代教育论坛,2021(1):29-37.

三、培养学生核心素养

《义务教育艺术课程标准(2022年版)》提出,要坚持问题导向,遵循学生身心发展规律,加强一体化设置,促进学段衔接,提升课程科学性和系统性。美术课程评价有助于教师详尽地了解学生的学习情况和自己的教学效果,便于开展有针对性的教学。及时有效的反馈,能够优化教学过程,利于教师制订后续的教学计划,推动美术课程教学的发展。[①]

四、促进学生全面发展

积极的评价有助于维持和提高学生对美术学习的兴趣,促进学生的个性发展和全面发展。美术课程评价要关注和尊重学生的个性差异,根据学生独特的个性特征和认知差异,从学生的成长需要出发,关注不同学生的成长过程,评价学生美术学习的成果和进步程度,挖掘学科潜力,增强学生的自信心,增进学生学习美术的积极性,培养学生的创新精神、实践能力、想象力以及跨学科学习能力,为培养德智体美劳全面发展的社会主义建设者和接班人做出贡献。

因此,在新课程标准的引领下,美术课程评价应从关注知识传授向关注育人转变,从关注学业成就向重视学生的核心素养转变。新课程标准要求实现学习成果的多样性,因此,评价标准也必须具有多元性,评价方式必须具有多样性。美术课程评价要依据学生身心发展规律,立足教学实际,建立科学的评价制度和体系,促进美术课程教学良性发展。

学习小结

本节重点阐述了美术课程评价的作用,通过学习,可进一步丰富理论认知。

练习实践

1. 在教学中,美术课程评价是从哪几个方面进行的?
2. 美术课程评价有哪些作用?

[①] 王鑫琦.多元智能理论对美术教学评价发展的启示[J].美术教育研究,2022(7):146-147.

第二节
教学目标的评价作用

一、教学目标评价要点

教学目标与评价,一个是起因,一个是结果,二者缺一不可,贯穿整个教学过程。教学目标是评价的重要参照,评价包括对教学目标的评价。

教学目标评价,是指对教学目标在教学中的完成情况和质量的测量、分析与评定。美术课程中,教学目标是美术教学活动的预期,对教学活动具有引导作用,教学目标是教学内容、教学方法、教学过程、教学手段的方向和终点,是参与教学的各要素共同作用的结果。

(一)树立核心素养导向的教学目标评价理念

核心素养是课程育人价值的集中体现,是学生通过课程学习逐步形成的适应个人终身发展和社会发展需要的正确价值观、必备品格和关键能力。核心素养是个体在面对复杂的、不确定的现实生活情境时,能够综合运用特定学习方式下所孕育出来的(跨)学科观念、思维模式和探究技能,以及结构化的(跨)学科知识和技能,分析情境、提出问题、解决问题、交流结果过程中表现出来的综合品质。因此,要对学生进行多维评价,全面评价学生智力和能力的发展。[1]不仅要评价学生对美术知识与技能的掌握程度,也要评价学生将所学美术知识与技能运用于生活中解决问题时体现出的品格和能力。

> **思考**
> 1.如何理解教学目标评价需贴合教学目标展开?
> 2.阐述在课堂上如何进行教学目标的评价。

《义务教育艺术课程标准(2022年版)》指出,艺术课程要培养的核心素养主要包括审美感知、艺术表现、创意实践、文化理解。因此,美术课程的教学目标评价要以艺术课程核心素养为评价中心,围绕审美感知、艺术表现、创意实践、文化理解展开。

美术课程的教学目标评价,要在美术课程学习的全过程和美术教学的各个环节,通过评

---

[1] 尹少淳.文化·核心素养·美术教育——围绕核心素养的思考[J].教育导刊,2015(9):17-18.

价学生的学习态度、过程表现、学业成就等多方面实际情况,来对美术课程的总目标在教学中的完成情况和质量,进行测量、分析与评定。

(二)合理量化教学目标质性评价,形成清晰的评价指标

教师要围绕艺术课程核心素养,依据美术课程实际情况,确定核心素养本位的教学目标。评价是对课程的总结与反思,是教学的关键保障,由此课程教学目标的设置要能够实现,教学目标达成度要可评价。[1]质性评价能全面而充分地揭示和描述教学目标的完成情况,能直观地呈现出教学目标的实现水平、学生掌握知识的程度以及教学中存在的问题,真实地反映学生的美术学科核心素养发展程度。评价指标是质性评价中最关键的手段和工具。因此,要建立和完善科学的教学目标评价指标体系,确定的指标要全面、客观、可行、可量化、可检测。

(三)按照学生学业水平,分层次进行教学目标评价

教师要从实际出发,承认学生的差异,用欣赏和发现的眼光看待学生,因材施教,发掘学生的潜能,根据学生的特点给予积极的鼓励和引导,促进学生全面发展。因此,要坚持以学生为教学评价主体,充分考虑学生的心理特征、个体差异、认知水平以及实践能力。让不同个性特征和认知结构的学生通过评价都得到发展,才是教学评价的核心作用。学生的个性不同,评价也应该因人而异。因此,要建构能够兼顾不同水平学生的教学目标评价体系,设置多层次的评价标准。

二、教学目标评价意义

(一)保障核心素养导向的美术课程得以有效实施

实施美术课程教学目标评价,要突出评价的客观性、全面性,促进培养学生美术核心素养的目标得以达成。评价要兼顾学生个体差异,促进学生在各自原有的基础上,通过教学得到充分发展,激发学生学习兴趣,陶冶学生情感,培养学生探究、分析和解决现实生活中问题的能力,促进学生全面发展。

(二)促进美术课程教学质量保障体系的建立

美术课程教学目标评价要确保完整性,帮助教师做出更好的教学决策,实现高效益的教学;引导教师把握人才培养的要求,把握教学的深度和广度,对建设有效的教学质量保障体系起到积极的促进作用,凸显教学目标评价的价值。

---

[1] 杨金豹,康志强,刘希军,等.国家一流专业建设背景下课程教学目标达成度评价改革与实践——以桂林理工大学资源勘查工程专业为例[J].高教学刊.2022,8(28):42-45.

学习小结

本节从美术课程教学目标评价的要点和意义出发,阐述了美术课程中教学目标评价的作用;论述了美术课程教学目标评价要以核心素养为导向,按照学生学业水平制订分层化、合理化的具有明确评价指标的质性评价方式,从而保障学科核心素养本位的美术课程得以有效实施。

练习实践

1. 尝试梳理教学目标与教学目标评价的关系。
2. 教学目标评价要点有哪些?
3. 根据教学目标评价要点,尝试在课堂教学中开展教学目标评价。

第三节

教学过程的评价作用

> 💡 **思考**
> 1. 如何理解"教—学—评"一致的理念?
> 2. 教师在教学过程中的评价应采用哪些方式?

学生的培养目标从"双基"转变为"三维目标",再到《义务教育艺术课程标准(2022年版)》提出的四大"核心素养",反映了我国素质教育和课程改革的深刻性与时代性。教育价值的基本取向,从掌握基础知识向以学生的发展为根本、注重学生的综合能力转变。基于核心素养的课程改革在"核心素养—学科素养/跨学科素养—单元设计—学习评价"这一连串环环相扣的链环中展开运作,促进核心素养的落地。[1]也就是说,教学评价是必不可少的环节,是立足于核心素养建构与之相匹配的评价体系。

由于学科的独特性,美术是培养学生创造力和想象力的重要学科之一,不能仅根据终结性评价来判断学生学习的有效性。教、学、评要具有一致性,注重学习的整体性。这里的一致性,是指两个或多个系统要素之间的相似或匹配程度。在教育领域,一致性就是指教育系统中各要素之间的匹配程度;在课程领域,一致性就是指课程各要素之间的匹配程度。如今,教学目标、教学活动、教学评价之间的一致性已是指导课程与教学的重要原则。

教学过程作为整个教学的中心环节,也是深化学生知识的重要环节。利用好教学过程中的评价,能发挥教学的积极作用,促使学生在教学过程中主动学习。

一、教学过程评价要点

(一)重视评价的时机,让学生的思维充分展现

适时进行教学评价,可以使学生的学习效果得到提升。教师要巧妙地将及时评价与延后评价相结合,在不同的教学环节运用不同的评价方式,将评价的时机最佳化,从而促进学生思维的展现。

---

[1] 周文叶,陈铭洲.指向核心素养的表现性评价[J].课程·教材·教法,2017,37(9):36-43.

及时评价与延后评价互为补充,缺一不可。其中,及时评价主要是通过选择合适的时机,提升学生课堂参与的主动性,借助教师的口头语言评价或微表情评价来实现;延后评价则是以书面评价、成果展示评价等方式,同时运用语言评价,让学生有充足的时间思索和探究,拓展学生思维的广度与深度,培养学生勇于质疑、不断创新的学习品质。

教师在课堂教学过程中,为了提高课堂教学效率,提升学生学科核心素养,应选择评价的最佳时机,给学生提供更大、更广阔的自我展示舞台。

(二)重视评价的有效性与科学性,深化教学评价改革

在学习评价中,尤其要注重学习过程评价。学习过程评价是根据一定的教学理念和目标,在系统收集学生的学习过程信息并加以处理的基础上,对学生的学习过程进行评判,从而改进学习过程的一种评价活动。

教学过程评价之所以重要,在于教学过程评价最有可能客观地、真实地判断教育目标是否实现。实施教学之前,教师要注意教学目标与学习任务、学习方式的整体性、一致性。在评价的过程中,要将实际的教学过程与预设的教学过程进行比较,从而判断教学活动是否达到教学目的。通过评价结果,教师可以有效地判断教学目标是否得以实现,从而对教学过程中的策略和方法进行调整。

可见,想要增强教学过程评价的有效性与科学性,就应设计理想的教学方案,深化教学改革评价,从而促进教育高质量发展。

(三)重视评价的情境性,强化学习者的角色

在新课程标准背景下,美术评价不仅要关注结果,而且要更多地关注过程,关注学生在教学过程中的情感、态度、价值观的形成。教师要树立"评价即学习"的理念,即在教学活动的全过程渗透表现性评价和过程性评价,充分展开教学活动。教师在教学中应建立一定的情境性,因为美术学科的特点是感性与理性并存。《义务教育艺术课程标准(2022)年版》强调核心素养的培育,而这是一个长期且缓慢的过程,需要教师在教学过程中设置一定环节让学生感知美、欣赏美,从而渗透知识点。评价过程要以学生为主体、教师为主导,鼓励学生参与到评价活动之中。

二、教学过程评价意义

学习性评价理论认为,学习性评价是正常的有效的教学活动中不可分割的一部分。课堂中的评价是镶嵌于课堂教学过程中的,是实现课堂教学一体化的必要组成部分。因此,教师要巧妙地将评价行为融入课堂,使评价与教学形成"你中有我,我中有你"的交融之态。

(一)体现学科的人文精神

从人的思维变革到制度优化再到文化更新的渐进式改革,是未来教育评价改革的内在逻辑和应循路径。[①]改革在任何时候都不是一蹴而就的,不应该操之过急。美术课程教学过程评价的最终目的,是让每一个学生都获得成功的喜悦。因此,评价应多一点欣赏鼓励,多一点期待与关注,多一点人文精神。

教学过程评价要尊重学生的个性发展,从学生的认知发展角度出发,让学生的学习过程形成"在趣味学习中学到知识→历练各种能力→产生情感体验→进一步促进强烈的学习需求→更主动地投入学习"这样的良性循环。

(二)体现学科的核心素养

《中国学生发展核心素养》指出,学生发展核心素养,主要是指学生应具备的,能够适应终身发展和社会发展需要的必备品格和关键能力。《基础教育课程改革纲要》提出,要建立促进学生全面发展的评价体系。评价不仅要关注学生的学业成绩,而且要发现和发展学生多方面的潜能,了解学生发展中的需求,帮助学生认识自我、建立自信。

可见,教学的目的就是促进学生发展。良好的教学评价有助于发挥教学评价的正能量,消除教学评价的负面效应,将不良影响控制在最小范围。教师要将教学评价贯穿于教学活动的各个方面,体现学科核心素养。

(三)树立积极的情感态度和价值观

在教学过程中对学生进行评价,有利于引导学生树立积极的情感态度和价值观。在网络技术高度发达、智能手机越来越普及的今天,小学生也会受到网络上不良信息的影响。而小学生还不具备足够的思考和分析问题的能力,容易相信这些错误思想。当学生的错误思想通过美术作品展现出来时,教师应引起重视,及时对学生进行引导,要结合对艺术作品的分析,教会学生怎样去分辨生活中的好与坏、善与恶,引导学生形成正确的情感态度和价值观。

[①] 徐彬,苏泽.论教育评价改革的动因、阻力与路向[J].当代教育科学,2020(2):80-85.

学习小结

本小节阐述了教学过程评价的基本概念,探讨了美术课程教学过程评价的要点,提出将及时评价与延后评价相结合;要重视评价的有效性与科学性;要重视评价的情境性,将评价活动与学生的生活经验相结合。

练习实践

1. 尝试梳理教学过程与教学过程评价的关系。
2. 教学过程评价的要点有哪些?
3. 根据教学过程评价要点,尝试在课堂教学中开展教学过程评价。

第四节
教学成果的评价作用

一、教学成果评价要点

教学成果形态多样,涉及内容广泛,包含物化和非物化形态,因此,教学成果评价需要设计灵活的评价机制,调动多方人员参与,综合运用多种评价方式。

(一)"教的成果"与"学的成果"相结合的评价机制

"教"与"学"是相辅相成的,评价也是相互的。教学成果评价不仅仅是评价学生"学的成果"怎么样,也要评价教师"教的成果"怎么样。因此,教学成果评价,一方面是"学的成果"评价,即考查课程结束时学生的专业能力、相关素养、社会责任等,美术课程的学习成果包括学习任务单、学习成果报告、反映各种技能的资料(如构思设计、创作草图、完成的作品)、工作进展、创作过程日记等;另一方面是"教的成果"评价,教学成果是指反映教育教学规律,具有独创性、新颖性、实用性,对提高教学水平和教育质量、实现培养目标产生明显效果的教育教学方案。因此,教学成果评价要形成"教的成果"与"学的成果"相结合的评价机制。

> 💡 **思考**
>
> 1.如何在教学成果评价中充分发挥评价的功能?
>
> 2.阐述教学成果评价的设计思路。

(二)评价主体多元化

教学成果评价包括自我评价、生生互评、师生互评以及共同评价。自我评价,即学生作为学习的主体和学习成果的完成者,用文字、语言、动作、图像等形式评价自己的学习成果。教师为学生设计自评量化表,让学生根据自己的学习情况,对照学习内容和评价量表,对自己的学习成果做出评判。生生互评,即以小组为单位,小组成员互相评价学习成果,发现同学的优缺点,从而取长补短,实现协同发展。师生互评,即学生对教师的教学成果做出评价,形成反馈资料;教师整理学生的学习成果,做出终结性评价,同时对学生的反馈资料进行总结与反思,完善教学方案。共同评价,即学校、家长、社会共同参与教学成果评价,助力学生成长发展。

教师还可以依托网络平台,实现校内评价与校外多方评价相结合,将教学成果发布到网上,让社会各领域人士都能参与评价。

(三)多种评价方式并用

美术教学成果内容丰富,形态多样,单一的评价方式难以完成对美术教学成果的评价,因此,要运用多种评价方式来实现。

教学评价可以分为形成性评价与终结性评价。以往的教学成果评价注重终结性评价,而现在更重视形成性评价。终结性评价是指对最终成果所进行的评估,目的在于对教学效果和质量进行评判。形成性评价是对正在进行的教学方案、教育过程与教育活动的评价,目的在于改进教育活动质量。当前的教学成果评价既注重过程也注重结果,正朝形成性评价和终结性评价相结合的趋势发展。

二、教学成果评价意义

(一)对"学的成果"进行评价,促进学生全面发展

着重于学习成果的评价相对完整、真实和准确,有利于促进学生自主探究,发挥个性,开发想象力;有助于实现以学生为中心、产出为导向的研究性教学,增强学生在真实情景中分析与解决问题的能力,培养学生的审美情趣,帮助学生根据自己的特点提高学习美术的兴趣和能力。

(二)对"教的成果"进行评价,全面提高教育质量

着重于教学成果的评价能促进教师提升教学水平,帮助教师分析和诊断教学中存在的问题,以便对症下药,以评价结果改进教学,有利于实现科教融合,驱动教师的教学向研究性教学转变,提高教师的课堂掌控力。

(三)多元主体参与评价,多方助力学生成长

自评能力是学生学会自主学习的重要标志,在自评过程中客观、主动、积极地发现自己的优缺点,了解自己的学习能力和水平,对其心智发展和心理健康起着促进作用;生生互评中,学生利用对所学知识的理解,站在相对客观的角度,发现其他学生的优缺点,能够培养团队合作精神;师生互评中,教师关切的语气,赞赏的眼光,能够营造活跃的课堂氛围;共同评价拓宽了教学成果评价渠道,促使社会各界人士参与,提升了学生的成就感。

学习小结

本节探讨了美术课程教学成果评价的评点,指出"教"与"学"是相辅相成的,评价也是相互的。教学成果评价是围绕"教的成果"和"学的成果"展开的,是多元化的评价主体共同参与和多种评价方式并用的评价。教学成果评价有利于实现多方助力学生成长,促进学生的全面发展。

练习实践

1. 简述教学成果评价主体的构成。
2. 教学成果评价有哪几种方式?
3. 教学成果评价有哪些重要意义?

第五节
教学反思的评价作用

教学反思评价不仅是为了诊断,更重要的是促进教学质量的提升。对教学反思的评价,可以让教师真正以主人公的姿态深入教学过程,时刻保持积极主动的反思状态。这个过程也是让教师学会学习,在反思中不断吸收新的知识的过程。

一、教学反思评价要点

(一)关注教学全过程,培育问题意识

教学反思能力在教师能力结构中占据重要位置。教学反思的重要来源是教学实践,可以分为教学前、教学中以及教学后的反思。

教学反思评价是帮助教师成长的关键环节,是提高教师教学质量的催化剂,对教学效果的提升有着举足轻重的作用。教学反思评价不能仅仅是对教学内容、教学方法等方面的反思,还需涉及教学目标的达成度、教学过程中的不足、教学中的疑惑、教学中的亮点、教学方法与学生认知能力剖析等。因此,教学反思评价应贯穿教学全过程,增强教师的问题意识,实现对教学行为和对学生学习行为的有效监控,促进教师的专业成长。

> **思考**
> 1. 你认为教学反思评价中应重点关注哪些方面?
> 2. 如何在教学反思评价中提升教师的自身素养?

(二)关注教学理论素养,培育反思意识

教学反思是教师从批判性视角,对已经发生或正在发生的教学活动有意识地进行的思考与审视。教育理论与经验是教师进行教学反思的重要参考。教师要将自己实际的教学情境与已有理论和经验进行对比、分析,从而发现自身的教学反思存在的问题。

教学反思评价可以为教学方法的改进、专业素养的提升奠定基础。教学反思评价应重视教师理论素养的建构。教师的理论素养,就是教师所具备的教育教学理论与学科知识素

养,即教师对各种教育教学理论与所教学科知识的掌握情况,以及将这些理论和知识应用到教学实践中的能力。

(三)关注反思方法,培育发展意识

选择科学、合理、适当的反思方法,有助于增强教学反思的效果,提高教学反思能力。目前常见的教学反思方法主要有以下三种:课堂实录反思法、阅读新知法和行动研究法。教师应加强教学反思方法的训练,掌握并能熟练使用各种常见的反思方法,从而真正使教学反思为教学实践服务。

对教师反思能力的评价,可以激发教师的反思动机,让教师认识到教学反思不仅可以帮助自己准确地找到教学中的问题,还能够通过分析和解决这些问题,培育发展意识,促进反思能力的提升,实现自我成长。

二、教学反思评价意义

(一)有利于拓宽思维,促进主动学习

认知学习理论认为,学习过程是一种积极主动的认知过程。在学习过程中,发现、提出和解决问题,有利于获得丰富的情感体验,是核心素养形成与发展的核心环节。教学反思评价有利于教师达成认知与情感体验的有机结合,加强内在学习动机,促进认知活动的进行。为此,教师通过教学反思发现问题,进行多角度与多维度的探讨,有利于教师的思维开拓与个性情感的发展,促进主动思考和主动学习。

(二)有利于教师可持续发展

教学反思评价不是为了评价而评价,而是为了调节、激励、促进教学。教学反思评价不是教学的"指挥棒",而是教学的"服务器",是为教学服务的。教学反思评价旨在创造教学价值的可持续发展,通过教学反思评价,检省教师在整个教学过程中所存在的问题,从而优化教学环节,促进教师深度学习。

(三)有利于教师构建终身学习机制

终身学习能够让教师及时更新自身的知识体系,重构认知系统。理论知识的不断深化,有助于教学工作的开展。教师通过优化自己的教学方案,不断提升自身的反思能力,使实践—反思—创新—再实践构成一个良性的循环圈。实践是教学和反思的脚手架和"催化剂"。构建教师终身学习机制,将终身学习和反思有机结合,能够拓宽教师学习的广度,最终实现教学的良性发展。

学习小结

本节围绕美术课程教学反思评价展开,指出教学反思评价的要点。一方面要关注学生学习的反思,培育学生的问题意识和发展意识;另一方面,要关注教师教学的反思,培育教师的反思意识,提高教师的教学理论素养。这样的教学反思评价,有利于促进学生主动学习,有利于教师构建终身学习机制。

练习实践

1. 教学反思评价可以通过哪些方面进行?
2. 教学反思评价有哪些重要意义?

第八章

美术课程评价的目标

学习目标

- 了解美术课程评价目标的价值与功能,以及评价目标的预设与生成。
- 理解美术课程评价目标的意义。
- 掌握美术课程评价目标的整体设计思路。
- 能在教学活动中应用课程评价目标的完整体系。

知识导图

- 美术课程评价的目标
  - 第一节 美术课程评价目标概述
    - 美术课程评价目标的基本内涵
    - 制订美术课程评价目标的目的
  - 第二节 美术课程评价目标的价值和功能
    - 美术课程评价目标的价值
    - 美术课程评价目标的功能
  - 第三节 美术课程评价目标的预设和生成
    - 美术课程评价目标的预设
    - 美术课程评价目标的生成

第一节
美术课程评价目标概述

根据《义务教育艺术课程标准(2022年版)》,美术课程评价涉及课堂教学的各个环节,以学生为主体,关注美术课堂中的学习行为、学习态度、作业练习和能力提升,既注重技法训练,也注重核心素养的养成。

一、美术课程评价目标的基本内涵

《义务教育艺术课程标准(2022年版)》在"评价建议"中明确指出,评价涉及学习态度、过程表现、学业成就等方面,要将"教—学—评"贯穿艺术学习的全过程和艺术教学的各个环节。美术课程评价以美术课程实施目标为依据,对学生的学习态度、过程参与、创作训练、作业展评等维度进行不同阶段、多角度评价。

美术课程评价应立足于不同艺术范畴和各种学习活动,实现学生美术学科核心素养的养成,从课堂评价、作业评价、期末评价等多个维度来评价学生。教师要针对各年段的不同学情,对过程性评价、终结性评价进行个性化、发展性的解读,促进学生全面发展。

小学美术课程评价在满足提升绘画能力的同时,要引导学生将课堂所学应用到生活中,培养良好的品行,注重思想引领,构建适合小学生的评价模式。

以重庆市渝中区鼓楼人和街小学的美术课程评价为例。该校美术教研团队结合新课程标准的要求,设置了基于不同评价维度的评价指标。各级评价指标落实到课堂中,就形成了可视化的美术评价量表。以下为结合评价量表设计的湘美版小学美术三年级上册《盘泥条》一课的教学方案。

盘泥条

课堂以"小泥团变身"引入,让学生知道小泥团可以搓成条,最终盘成一个精美的器物。接着,在作品欣赏和分析中迎来"泥条造型大闯关"。

第一关:泥条造型大比拼。试一试,看谁能搓出粗细均匀的泥条?

学生在搓泥条的过程中,发现泥条有粗细、长短、曲直之分,还发现通过卷、折、盘、筑等方法可以改变泥条的形态。教师用短视频展示组合泥条的方法有扭、编、叠等。对这一环节的评价,要关注学生学习行为、自主探究能力的养成。

第二关:盘筑我最强。制作底板,用泥条盘筑出牢固又美观的作品。

学生在欣赏盘筑作品时,发现底板形状不同,盘筑出来的作品形状也不同。学生还发现了盘筑、编织、叠筑等方法可以使作品更美观。对这一环节的评价,要关注合作学习、学生的参与度以及学习态度。

第三关:造型我做主。以一件作品展示反向推理的步骤,拓展学生的表现思路,为小组成功制作作品奠定基础。

这一环节将制作(图8-1-1)和展示(图8-1-2)融在一起,师生配合进行课堂总结评价。整节课的评价落实到课堂各环节,既关注了学生对课堂知识的接受,也关注了课程目标的达成和学生能力的养成。

图8-1-1　学生制作的作品　　　　图8-1-2　学生展示作品

二、制订美术课程评价目标的目的

制订美术课程评价目标,要注意以下三个方面:
(1)以《义务教育艺术课程标准(2022年版)》为依据;
(2)从纵向上将评价目标划分为学生、教师、学校和社会四部分;
(3)从横向上将评价目标划分为知识与技能、过程与方法、情感态度价值观三个维度。

设置美术课程评价目标的目的,可以从学生、教师、学校三个方面来总结。目前,教学由线下教学和在线教学两部分组成。评价学生在学习过程中的行为表现、学习态度、课堂作业、课程知识的掌握及阶段性目标的达成,最终都落实到知识与技能、过程与方法、情感态度价值观三个维度上。

以在线教学为例。依托信息技术,学生和教师相聚云端开展美术教学,评价参与者多元。如湘美版小学美术五年级上册《小记者》一课,教师以"小记者"发现身边新闻的故事,引出学习任务——以"小记者"的身份设计一张手抄报(图8-1-3)。

图8-1-3 《小记者》课程教学课件内页展示

提及手抄报,学生一般会想到用绘画加文字的形式来表现。但本次课是线上课,学生在明确了手抄报的五要素(刊头、标题、插图、花边、文字)后,发现可以用电脑来完成作业。

本次线上课选择用综合材料来完成作业。学生可以从多视角打开思路,家长也能提供技术支撑,学生利用各种资源来完成作业。学生在课程学习和完成作业中,掌握了制作手抄报的多种方法,在学习过程中与父母合作,增进了亲情。

学习过程中,学校、教师、学生、家长等评价主体都可以参与评价,充分发挥自己的作用,扩大了评价的广度。

学习小结

通过本节的学习,我们初步了解了美术课程评价目标的基本内涵,认识到美术课程评价是基于教师的教和学生的学双向展开的。每一个相关的评价主体都要参与课程评价,一方面检测学生的掌握情况,另一方面也能关注课堂教学目标的达成。

练习实践

1. 分析不同课型、不同教学环节的评价如何有效开展。
2. 结合新课程标准,分小组讨论怎样理解课程评价的实施。

第二节
美术课程评价目标的价值和功能

美术课程评价目标具有明确的导向作用，影响着教学策略的调控、教学目标的实现和学生学习的效果。在美术课程设计与实施活动中，评价目标具有重要的价值与功能，贯穿于整个教学过程。教师要掌握制订课程评价目标的能力，在教学中才能充分地了解评价目标的影响及作用，发挥出评价目标的价值与功能。

> **思考**
> 1. 请列举你所了解的课程评价目标的价值。
> 2. 请阐述你所理解的美术课程评价目标。

一、美术课程评价目标的价值

在美术课程中，评价既是了解学生学习情况的手段，也是提升学生素养的工具。好的美术课程评价与教学目标一致，从不同的维度、阶段，运用不同的方式，促进教学目标的达成。因此，美术课程评价离不开目标的导向作用。明确美术课程评价目标的价值，有助于我们在日常教学过程中灵活地调整评价策略，最大限度地发挥出美术课程评价目标的积极作用。

（一）美术课程评价目标的育人价值

美术学科具有融合性，能够与多个学科进行交织，启发学生思考，发散学生思维，具有不可忽视的价值。

在《义务教育艺术课程标准（2022年版）》中，美术课程被划分成四个学习领域，每个领域均有相应的育人价值。以"设计·应用"领域为例，不仅能启发学生关注生活，了解生活中各种用品是为了满足人们的需要而设计出来的，还能启发学生热爱思考、敢于创新。这对学生而言，不仅是学习中的收获，还能对未来的工作和生活产生积极影响。在此阶段，教师要促使学生灵活思考问题、独立解决困难，实现美术课程评价目标的价值。

湘美版教材四年级《蝴蝶落我家》一课就属于"设计·应用"领域，通过引导学生仔细观察，自主探究柱体与蝴蝶的关系，提升学生的思考和动手能力。教师在执教过程中，巧妙地将数学和美术进行了融合。数学和美术都有图形的内容,数学中的图形更关注数据,而美术中的图形关注的则是形状和轮廓,两者可以相互补充。

在导入环节,教师将长方形的纸张弯曲后得到了一个"圆管"(图8-2-1)。学生需要在"圆管"的立面剪出蝴蝶的轮廓,要明确蝴蝶的大小和比例,就需要对纸张进行测量,探索出蝴蝶与纸张的关系(图8-2-2)。这个教学过程达到了促进学生思考和尝试的目的,实现了课程评价目标的育人价值。

图8-2-1 形体的变化

无论是培养学生掌握知识和技能,还是引导学生继承传统、开拓创新,美术课程的最终目的都是育人。美术课程具有独特的学科优势,能够在教学中潜移默化地培养学生的综合素养,丰富对美的感受力,提升对美的创造力。所以,在根据美术课程目标进行评价时,评价的价值取向应由偏重工具性向兼具人文性与工具性转变。[①]评价应兼顾学生的态度、兴趣、方法,而弱化单一评价的方式。只有这样,才能真正发挥美术课程评价目标的价值。

图8-2-2 学生作品

(二)美术课程评价目标的发展价值

美术课程评价目标的设定,要适应新时代的变化和要求,引导学生掌握21世纪人才所需要的必备品格和关键能力,实现全面成长发展。在制订目标时,应将自主发展、社会参与、文化基础三个板块考虑在内,[②]每一板块内所涵盖的具体内容应与课程目标融合,使学生能够通过美术课程的学习,拥有健康的生活态度和习惯、自主学习探究的方法、勇于尝试和创新的精神(图8-2-3)。

[①] 常双.中小学美育评价改革嬗变:经验与启示[J].大连教育学院学报,2022,38(3):47-50.
[②] 张良.核心素养为何是必备品格与关键能力——基础教育改革中的核心素养观的反思与重建[J].南京社会科学,2021(5):154-160.

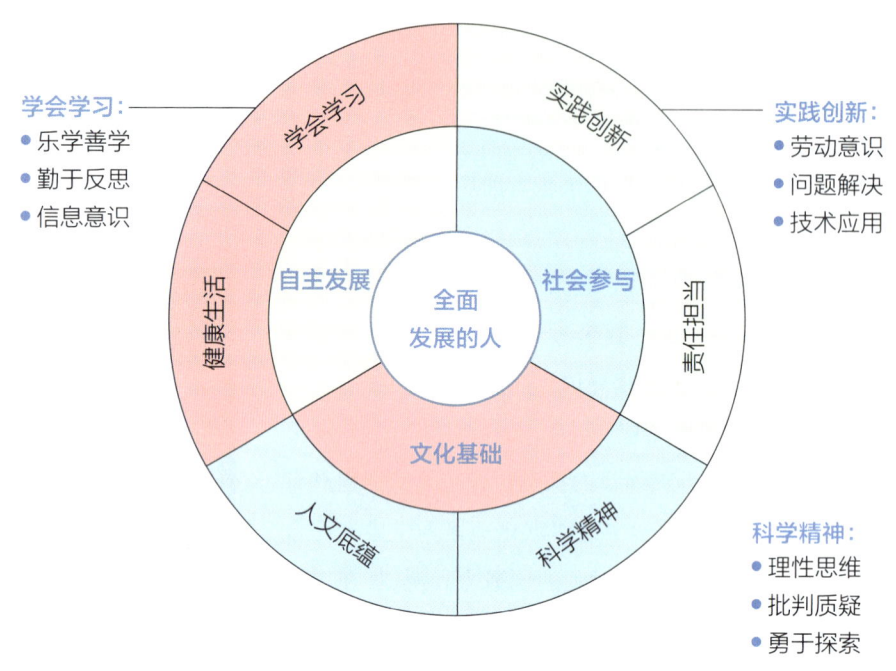

图8-2-3　学生必备品格和关键能力

学生作为发展中的人，具有无限的发展潜能。在课堂教学中，美术课程评价目标能够启发学生的才能，在一定程度上加速学生的个性化发展，从而实现其发展价值。

1.美术课程评价目标对教学效果的达成具有指导作用

美术课程作为实践性较强的学科，在教学过程中能够通过绘画、手工、欣赏等方式，运用多种材料，发展学生的素养和能力。例如，可以通过折纸训练、手工制作，锻炼学生的动手能力和表现能力；通过小组合作完成作品，提升沟通能力与合作能力。这些学习内容，在评价环节都应考虑进去，包括评价的次数、方法和维度。教师通过评价，能了解学生的学习情况与存在的问题，及时调整教学策略，使评价成为教师促进学生发展的手段。学生也能通过评价知道自己需要改进或提升的地方。

2.美术课程评价目标具有人文性

美术学科以其特殊的人文性，起着陶冶情操、涵养素养、提升人格的作用。因此，在美术课程教学中还应注意对学生人格的塑造，培养学生形成积极、健康的人格，拥有发现美的眼睛和心灵，感知世界上美好的事物。要落实这一目标，必须注重对学生的指引，关注学生的学习和生活，引导他们通过观察，发现自然、生活和身边的各种美，形成对美的欣赏和热爱。

如湘美版教材一年级《大眼睛》一课，在儿童的眼中（图8-2-4），小小的昆虫和植物也是一场"惊心动魄"的旅行。他们能把观察到的世界用自己的感受抒发出来，把内心丰富的色彩表现在画纸上，感受生活中点滴的美，形成对生活、自然的热爱。

图8-2-4 《大眼睛》学生作品

同时,也要注重对学生道德美的启发,引导他们感受高尚的人格魅力,养成乐观向上的健全人格,逐步形成正确的世界观和价值观。

3.美术课程评价目标具有创新性

在制订美术课程评价目标时,教师也要注重创新思维的培养,引导学生从自然物象中吸取灵感,将各种元素和想法进行关联和想象,激发艺术思维和创新意识。教师也要灵活运用课程评价目标,为学生提供不同维度的评价内容,有针对性地提出改进意见。教师还应将前沿知识和技术作为评价依据引入美术课堂,生成不一样的评价反馈,关注与学生紧密相关的时代与生活。

二、美术课程评价目标的功能

美术课程评价目标具有导向功能、激励功能、凝聚功能和考核功能。这些功能相互作用,共同推动着学生的成长。

(一)美术课程评价目标的导向功能

导向功能是指美术课程评价目标具有指导作用。通过对学生的作品进行评价,教师可以指导学生掌握更加深入的艺术知识和技能,形成正确的审美观念和艺术修养。

例如,在科幻画创作中,课程目标是激发学生的想象力,敢于表达脑海中的想法。因此,在学生创作科幻画作品时(图8-2-5),教师要根据每个学生的想法和构思进行评价。如果学生有丰富的想法却不知如何表达,缺乏美术技能,就重点对他的造型、构图能力进行分析和引导;如果学生面临的问题是缺少想法,评价时则要引导他收集、整理资料,从素材中得到灵感。

图8-2-5　学生科幻画作品

(二)美术课程评价目标的激励功能

激励功能是通过美术课程评价目标的设立,让学生产生积极的学习态度和行为,寻求学习的表扬或奖励,产生激励作用。学生在完成作品后,通过评价获得的肯定和鼓励可以激发他们的学习兴趣和创造力,促使他们更加努力地学习艺术知识和技能,不断提高自己的艺术水平,为自己的艺术事业奋斗。

在《书墨画》一课中,美术教师设计了小组评分榜和个人小奖品。教师设计了一些问题,每个回答问题的学生都可以得到一个与课程主题相关的小书签(图8-2-6),获得书签的同学可以自由地在上面进行创意添画。因此,每当教师提问时,学生们都非常积极地举手回答问题。小组评分榜快速有效地调动了全班的学习积极性,在课堂中产生了正向、有效的作用,发挥出了美术课程评价目标的激励功能。

图8-2-6　学生书签作品

(三)美术课程评价目标的凝聚功能

凝聚功能是指美术课程评价目标具有增强集体凝聚力的作用。美术课程评价目标还可以促进师生之间的沟通和交流,增强师生之间的信任和理解,为学生提供更加良好的学习环境和氛围。

重庆市渝北区首地人和街小学以"喜迎国庆,祖国的花朵"为主题,全校学生一起进行了"百米长卷"的创作(图8-2-7)。每个学生都在长卷中描画了自己的形象,都把喜悦之情表现了出来。活动过后,美术老师进行了评价,表扬同学们在创作过程中的相互理解、彼此帮助,发挥了团队的力量,表现出积极向上的价值观。

图8-2-7　百米长卷绘制活动

(四)美术课程评价目标的考核功能

对学生作品的评价,可以客观地反映学生的艺术水平和学习成果,为学生提供更加公正、客观的评价,促进学生自我反思和进一步提高。

例如《剪对称的鱼》一课,教师讲授了对称的基本概念,示范了剪纸的基本技法,但由于课堂的时长有限,学生可能只能进行一次创作尝试。但是,第一次尝试的作品可能并不完美,有些地方还可以更加精细,这就需要学生课后自己进行巩固和练习。对于学生实际的掌握情况,教师可以在阶段性或单元课程完成后,预留一节课的时间进行考查,让学生再次尝试剪出对称的鱼(图8-2-8),以检验学习成效。

美术课程评价目标还能为学生提供客观、科学的评价标准和体系,帮助学生制订科学、合理的学习计划和目标。

图 8-2-8　学生剪纸作品

学习小结

本节对美术课程评价目标的价值与功能进行了分析和阐释。合理地设计美术课程评价目标,能够充分发挥其育人价值及发展价值,全面培养学生的能力、发展学生的素养。教师要充分发挥课程目标的改进及比较功能,让评价作为促进"教"和"学"的手段,灵活机动地达成教学目标。

练习实践

1. 美术课程评价目标具有哪些价值?
2. 结合《义务教育艺术课程标准(2022年版)》,思考如何运用评价机制。

第三节
美术课程评价目标的预设和生成

美术课程评价目标的预设和生成是教学过程中的两个重要环节,这两个环节能够帮助教师灵活地把握课程的发展和进度,对课堂的变化也能游刃有余地操控。[①]因此,预设与生成是每位教师在课前都需要做的准备工作。预设是指在课程开始前,对课程中所涉及的评价对象进行预想,对所提出的问题、学生回答的答案以及可能发生的情况进行有依据的预先设定,还要对课程评价可能产生的各种影响做好思想准备。提前对整节课从开始到结束都在脑海中进行演绎,可以帮助教师更顺利地完成教学。

> **思考**
> 1. 说说你对预设和生成的理解。
> 2. 你认为美术课程评价目标的预设和生成有着什么关系?

一节美术课的呈现,离不开教师前期的铺垫和努力。很多教师在备课的过程中会仔细推敲每一个问题,甚至每一句话的表达,力求通过课程设计完美地实现教学目标。这一过程反映了课前预设与课中生成的关系。评价作为衡量目标达成的依据,在预设阶段也应该纳入考量的范畴。

一、美术课程评价目标的预设

在课程实施和课程评价之前,教师要制订一个预想的课程评价目标。这个目标是基于课程设计和课程评价而提出的,要体现出前瞻性、系统性和可操作性。只有具备这些特性,才能确保评价目标的有效性和科学性,为学生的发展提供有力的支持和指导。

(一)前瞻性

前瞻性是指美术课程评价目标必须具有导向性。预设美术课程评价目标必须考虑到未来社会的需求和发展趋势,为学生的未来发展提供指导和支持,使学生在学习中更加注重实践能力和创新能力,为未来的职业发展打下坚实的基础。尤其是在人工智能迅猛发展的时

---

① 朱志平.预设与生成的关系是教学的基本问题[J].当代教育科学.2007(10):38-40.

代,信息技术已经是学生必须具备的能力。在预设美术课程评价目标时,要融入信息技术的要求。例如,在湘美版三年级《动漫机器人》一课中,教师以美化校园环境为线索,让学生跟着机器人的指引,为校园设计各种标识。学生利用平板电脑进行设计,需要掌握平板电脑的基本操作方法。这一课的评价涵盖了对学生操作平板电脑、使用软件水平的评估。

(二)系统性

系统性是指美术课程评价目标必须具备完整的体系。预设美术课程评价目标,需要考虑到不同层次、不同领域和不同阶段学生的需求,从而确保指标体系的全面性和科学性。评价目标应当包括艺术素养、艺术技能、艺术观念等多个方面,同时还要考虑艺术教育的长期性和系统性,为学生的全面发展提供有力支持。

以人美版五年级《古代青铜艺术》一课为例,该课的教学目标是引导学生了解古代青铜艺术,感知传统文化的魅力,能够使用线条描绘青铜纹样。在这一课中,对学生的评价就不能只关注学生作品的呈现效果,因为这节课的重点在于让学生了解青铜器并学会欣赏传统青铜艺术的美。教师在评价时,应该对学生的文化理解、情感表达进行评价,同时也要观察学生的态度和习惯,最后通过学生作品(图8-3-1),从素养、技能、观念、态度等多个方面进行评价。

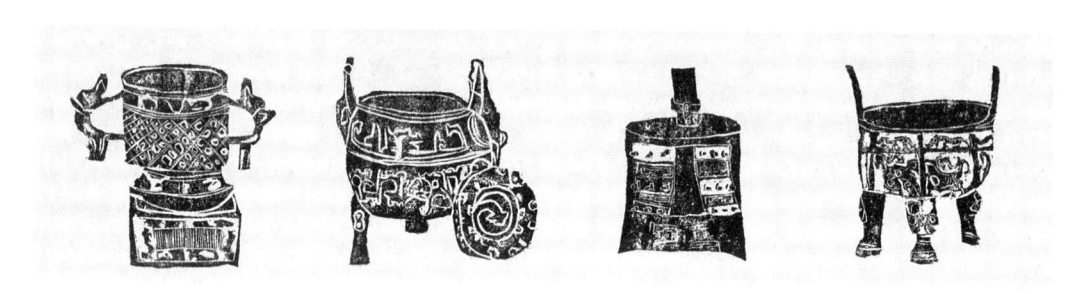

图8-3-1 学生青铜作品

(三)可操作性

可操作性是指美术课程评价目标必须具备实际操作性。预设美术课程评价目标,需要考虑教学实际情况,确保评价目标的可行性;需要考虑学生的差异性,为教师提供具体的操作方法,使评价目标在实际教学中能够得到有效实施。

例如,一位新教师在设计一堂与船相关的课程时,想让学生在课堂上合作完成一个大船的模型。他计划采用小组合作的方式,每个组制作一部分,最后拼成大船。教师的构想很好,却忽略了可操作性。一堂课的时间有限,要在短暂的活动时间里完成制作非常困难。他试讲了一次后,就遗憾地发现无法实现教学目标。所以,在预设时就应该充分考虑到可操作性。

二、美术课程评价目标的生成

良好的预设需要灵活的应变,才能实现精彩的生成。只有前期的扎实铺垫还不够,在课程实施中,要及时关注学生的回答和思考,尤其要重视"超出预想的答案",这往往是生成的触发点。因此,课堂氛围应该是开放而包容的,允许有不同的观点。教师仅作为引导者融入其中,启发学生自主探究和思考。

例如湘美版二年级《彩点点》一课,教师以"点点"为元素,引导学生欣赏修拉的《大碗岛星期天的下午》这幅点彩名作。教师提出的问题是"你们知道这幅作品是如何创作的吗?",预设的回答是"不清楚""不知道"。然而在实际教学过程中,很多学生都见过这幅作品,甚至知道它是点彩派画家所作。这就出现了预设和生成的不匹配,教师没有准确把握学情,对学生的知识基础了解不够。

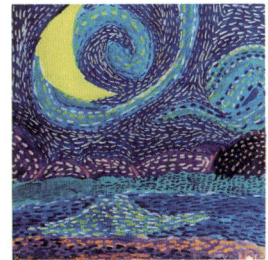

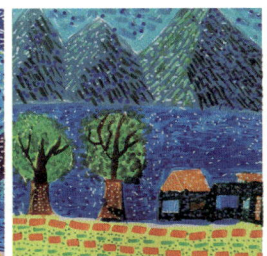

图8-3-2 学生作品

在这种情况下,教师就要从美术专业的角度,对学生的作品(图8-3-2)进行指导。美术学科本身就充满了感性色彩,每个人都有自己的表达方式,不能用相同的标准评判每个学生的作品。因此,在教学过程中,教师应关注学生生成性的创作和表达,及时鼓励和引导,让艺术在学生的心中生根、发芽。

此外,当学生在创作中出现"画错"或"意料之外"的情况时,教师应及时引导学生进行联想或补救,帮助学生在"意外"的基础上创作出更具特色的作品。例如,当学生说:"老师,我画错了,我本来想画一只小鸭子,结果画斜了。"这时,教师可以启发学生对画面中的形状进行联想,看它可以改变为什么形象,转变思路继续创作。

学习小结

合理预设美术课程评价目标，能够在顺利开展教学活动的同时达成预期的教学目标。教师应合理运用评价，在教学活动开始之前就对课堂的发展和结果进行预设，促进教学的有序进行。教师要灵活应对课堂中出现的"意料之外"的问题，生成开放式、启发性的答案。

练习实践

1. 自主挑选一节美术课，预设教学中可能出现的问题，思考运用哪种评价方式可以达成预设。

2. 怎样进行评价才能培养学生的个性发展？

第九章

美术课程评价的基本构架

学习目标

- 了解美术课程评价基本构架的概念、特点及分类。
- 理解美术课程评价的主体结构、基本类型、基本形态。
- 掌握新课程标准评价建议中的相关知识与技能。
- 能运用合适的美术课程评价方法进行科学评价。

知识导图

美术课程评价的基本构架

- 第一节 美术课程评价的基本要素
  - 评价条件
  - 评价主体
  - 评价方式
  - 评价标准
  - 评价内容

- 第二节 《义务教育艺术课程标准（2022年版）》的评价建议
  - 基本原则
  - 主要环节的评价
  - 评价结果的呈现和运用

- 第三节 美术课程评价的基本类型
  - 教学摸底型评价
  - 教学反应型评价
  - 教学反馈型评价
  - 成果把握型评价
  - 认可型评价

- 第四节 美术课程评价的基本方式
  - 依据评价功能划分
  - 依据评价工具划分
  - 依据评价主体划分
  - 依据评价标准划分

第一节
美术课程评价的基本要素

在过去的一段时间,很多人认为评价只与学生相关,评价的内容也只围绕学生展开。随着教育研究者和一线教师的逐步探索,人们对评价有了更为全面的认识。一般认为,美术课程评价的基本要素包括评价条件、评价主体、评价方式、评价标准和评价内容。

> **思考**
> 你认为美术课程评价的内容有哪些?请列举你所知道的。

一、评价条件

评价条件是指课程评价所涉及的内在和外在影响因素。这些因素会在一定程度上对评价的方式和结果产生影响,通常分为外在条件和内在条件。

(一)外在条件

外在条件包括学校、环境、设备、资料等固定且不易改变的条件。它们会对美术课程评价形成一定的制约作用。

学校的管理和资源配置影响着美术课程评价。一些学校的教育资源配置不足,教育设施缺乏,直接影响着美术课程的教学质量。教室的大小、通风、采光等条件都会对教学效果产生影响。因此,学校应创设良好的教育环境,为学生提供充足的教育设施。设备是美术教学中不可或缺的因素。美术课程需要大量的专业设备,如画笔、颜料、画布、模型等。资料也会对美术课程评价产生一定的影响。美术课程需要大量的教学资料,如名家作品等。这些资料的质量和数量,都会对美术课程评价产生影响。

例如,一名教师到大凉山支教,想给山区的学生上一节扎染课,但很多学生的家里无法准备扎染布料,只能用纸巾替代(图9-1-1),学校也没有为学生布置展示作品的区域。在这样的情况下,很多好的教学方法都无法实施。

图9-1-1　学生纸巾"扎染"作品

(二)内在条件

内在条件是教学过程中的隐性资源,包括课程标准、教材和相关资料等。这些因素会对美术课程评价产生积极的指导作用。

课程标准是美术课程评价的依据之一,规定了美术课程的教学目标、内容、要求和方法等,是美术课程评价的基础。因此,评价美术课程必须遵循课程标准。教材是美术教学的重要工具,是美术课程评价的重要参考,对教学效果有着重要的影响。教材的质量直接影响学生的学习效果和教师的教学质量。教材编排的逻辑和思路对学生的理解和吸收有着直接的影响。相关资料包括美术课程教学指导书、教学方案等,是美术课程评价的重要参考。

二、评价主体

(一)教师

在教学活动中,教师扮演着引导者、管理者、研究者、学习者等多种角色。角色的多样性,体现了教师在工作中需要处理多样而复杂的问题。因此,教师要具备教学准备、教学设计、专业发展、研究意识及交流沟通等能力(图9-1-2)。教师要具有研究意识,才能不断挖掘出教育的深层价值,以学促教,相辅相成。教师在工作中需要与学生、家长、同事、领导进行交流和沟通,才能在日常的教育教学中顺利地开展各项工作。

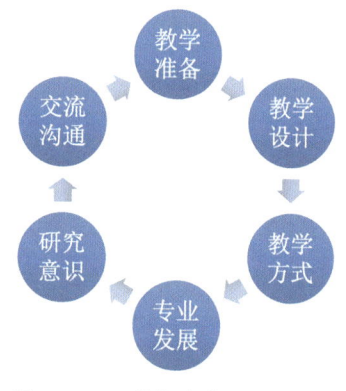

图9-1-2　教师素养

（二）学生

学生是教学的对象，是课程评价的核心部分。在教学活动中，学生可以对自身的学习情况进行自评，可以与同学相互观察形成互评，还可以对教师和学校提供的方法、设备提出建议。在学习过程中，学生对自我和环境进行评价，既有助于自身成长，也有益于教师和学校更了解学生的实际想法。

图9-1-3　学生美术学习档案袋

在不同年龄阶段，学生的思维和能力是发展变化的。学生可以对自己的美术学习进行纵向评价，例如查看学习档案袋（图9-1-3）中的习作、记录，评估自己的强项和不足，对自己的成长和进步了然于心，更自信地面对艺术领域的学习。

（三）家长

家长是和学生相处时间最长的人，也是对学生的生活习惯、性格最了解的人，在学生成长过程中也担负着评价者的角色。家长可以观察学生在习惯、情绪、思想、能力上的变化，及时发现学生身上出现的问题，与学校形成合力，保障学生的健康成长。

例如，珊珊最近在学校里遇到了困难。她最好的朋友不想和她玩了，但是她不知道是什么原因造成的，只能一个人在房间里哭。她在学校并没有表现出情绪的强烈变化，因此老师和同学都没有及时发现。幸好家长很快觉察到珊珊的情绪波动，经过了解并和老师及时沟通，解决了珊珊和朋友之间的小矛盾，两个孩子和好如初。由此可以看出，家长的作用也非常重要，应与学校、教师一起共同陪伴孩子的成长。

（四）学校

学校给学生提供了学习和发展的场所。学校组织的各类艺术活动，都是帮助学生锻炼能力、提升修养的平台，不仅丰富了学生的学习生活，也促进了学生的身心健康发展。

例如，重庆市渝北区首地人和街小学组织的各类校园活动都会根据学生的表现给予评价。如在"明责之夜"活动中（图9-1-4），四年级的学生要以小

图9-1-4　"明责之夜"活动

组合作的形式,在学校完成搭帐篷、洗漱、探秘等任务。教师会在活动过程中观察他们的表现,在活动完成后对每个小组进行评价,让学生明确自己的优点和还可以进步的空间。

三、评价方式

美术课程的评价方式通常包括作品评价、习惯评价和理解评价。其中作品评价主要是针对学生的作品进行评价,包括作品构图、色彩运用、线条表现等方面;习惯评价主要是针对学生的习惯进行评价,包括学生的态度、参与度、创造力、沟通能力等方面;理解评价主要是针对学生对美术理论的理解和掌握程度进行评价,包括学生对美术史、美术理论、美术技法的掌握情况等方面。综合这三个方面的评价,就可以得出学生在美术课程中的表现和成绩。

四、评价标准

美术课程的评价标准主要包括学生作品的质量、态度和参与度、对美术理论的理解和掌握程度。

学生作品的质量是评价美术课程的一个重要方面,不仅仅包括作品的技术水平,还包括作品的构思、创意、表现力和艺术价值等方面。此外,学生在美术课程中的态度和参与度也是评价标准之一。学生的态度和参与度反映了他们对美术课程的重视程度和学习热情。评价学生的态度和参与度,需要考虑学生是否积极主动地参与课堂活动,是否具有合作精神等方面。对美术理论的理解和掌握程度,需要根据学生的年龄、技能水平和教学要求来确定,可以采用定量评价和定性评价相结合的方法。

五、评价内容

评价内容主要是指教师在教学过程中所要传授给学生的知识、技能和态度等(表9-1-1)。内容的设计应符合学生的学习能力和兴趣,加强与生活实际的联系,使学生能够将所学的知识和技能应用到实际的问题中去。

表9-1-1　小学美术课堂学生评价表(低段)

姓名：　　　　班级：　　　　学号：　　　　时间：

项目	评价内容	评价要点	自我评价	小组评价	教师评价	家长评价
学习习惯	学习兴趣	1.喜欢美术课程。 2.主动探索美术知识。				
	学习态度	1.认真听讲,积极参与课堂活动。 2.认真创作,乐于分享。				

续表

	课前准备	1.准备工具和材料。 2.美术书和作业本。				
学科素养	审美感知	能从线条、形状、色彩、肌理等方面欣赏、评述周边环境中各种自然物与人造物,学会发现、感受、欣赏其中的美。				
	艺术表现	能积极参与小组或班级组织的各种造型游戏活动,并结合各种活动创作1—2件作品。				
	创意实践	能根据教师提出的主题或根据自己的所见所闻、所感所想,使用美术工具、材料和媒介创作1—2件富有创意的平面、立体或动态的美术作品。				
	文化理解	能口头表述对"中国传统美术是中华民族文化艺术的瑰宝"的感受。				
综合素养	操作技能	作品完成较快,质量很高。				
	合作能力	积极参与,善于合作,乐于讨论。				
	表达能力	评述正确,表达完整,有效沟通。				
	创新能力	设计制作出别具一格的作品。				
	探究能力	运用学科知识解决实际问题。				
学生心语						
小组建议						
教师评语						
家长评语						
综合评定						

填表说明:根据评价要点,如果能很好地完成评价内容,请在评定栏填 A;如果能基本做到评价内容,请填 B;如果能完成部分评价内容,请填 C;如果完全不能完成评价内容,请填 D。

学习小结

总的来说，在教学活动中，对教学过程、教学内容及教学效果的评估也是不可缺少的。只有对教学的完整过程进行系统的评价，才能客观地反映出问题，找出问题出现的原因，使教学活动进行得更加顺利。

练习实践

1. 美术课程评价的内容包括哪些？
2. 对不同的对象应采用什么样的评价方式？

———————— • • 第二节

《义务教育艺术课程标准(2022年版)》的评价建议

评价是按照一定的标准、根据一定的成果对受教育者进行价值判断的过程与方法。《义务教育艺术课程标准(2022年版)》中的评价,主要针对学生的学业进行评价,即对学生的学习状况和学习结果进行测量和评估。学业评价是指对学生在学校课程中所取得的学业成就(包括知识与技能、过程与方法、情感态度与价值观)进行的测量和评价。学业评价通过各种方法收集学生学业成就的客观信息,为学生学习和教师教学提供反馈。美术课程的评价不能采用单一的测评、考试形式,而要依据学生的课堂表现及作业等对学生掌握、运用知识与技能的程度、学习过程和方法进行评判。

> **思考**
>
> 1. 请列举你所了解的新课程标准中评价的基本原则。
> 2. 请阐述义务教育课程标准评价结果如何呈现和运用。

一、基本原则

(一)坚持素养导向

《义务教育艺术课程标准(2022年版)》中明确指出:"围绕核心素养内涵、课程总目标和学段目标,依据课程的内容要求、学业要求和学业质量标准,进行全面、综合的评价,既要关注学生掌握艺术知识、技能的情况,更要重视对价值观、必备品格、关键能力的考查。"

1.重视对价值观的考查

基于立德树人根本任务,价值观的考查是非常必要的,对学生的全面发展有着重要作用。美术教师在教学过程中,要积极思考并将价值观教育有效落地,引导学生形成正确的价值观。

重庆市渝中区天地人和街小学在实施美育的过程中,借助多种渠道将价值观教育融入小学校园活动,以社会主义核心价值观为引领,把价值观内容融入美术课、选修课、社团活动、综合艺术实践活动(图9-2-1),以寓教于乐的方式引导学生在校园美育常态活动中体验与理解社会主义核心价值观的实践内涵。

图 9-2-1　迎新年艺术综合性实践活动

2. 重视对必备品格的考查

想要落实立德树人根本任务，就要注重对学生的必备品格的考查。美术课程的重要目标是培养学生健全的人格、高尚的道德、美好的情感。对学生必备品格的培养与考查，是落实立德树人根本任务，保障学生长远发展，引领学生成为全面发展的人的必然要求。

在美术课程中，教师尤其要重视对学生追求真善美良好品质的引导。比如，在欣赏课中，教师可以用名家的优秀品质给学生以熏陶，润泽学生心灵。在学生赏析作品时，教师要引导学生发现作品的优点，学习他人的长处。

（二）坚持以评促学

《义务教育艺术课程标准（2022年版）》中明确指出："倡导评价促进学习的理念，关注学生真实发生的进步，捕捉、欣赏、尊重学生有创意的、独特的表现，并予以鼓励，不断加深学生的艺术体验，引导学生发现自己的艺术潜能，合理运用评价结果改进学习，发展自己的艺术特长。"

美术课堂中的"评"，不是美术教师一个人的评价，还包括学生自评、学生互评。多方面的评价可以为学生学习美术知识提供全面的反馈，使学生的美术学习过程更加顺利。

重庆市渝中区天地人和街小学开展了课堂标准观察研究，以艺术课程标准为依据，对美术教师的课堂教学进行观察分析，帮助美术教师明确艺术素养的落实情况。例如，在对《家乡的古建筑》一课进行课堂标准观察时,学校从教学课件、教师语言与学生作业三个角度设计了观察量表,结合观察数据进行了全方位、多角度的分析,对执教教师提出了有针对性的改进建议(表9-2-1)。

表9-2-1　教师教学建议改进表

项目	优点特色	存在问题	改进建议
教学课件	精选了很多有代表性的古建筑,图片清晰、排版漂亮、配乐恰当,信息技术使用合理,激发了学生的学习兴趣。	没有对古建筑进行分类,显得有些混乱。	可以按古建筑的种类进行赏析。
教师语言	语言优美,提问准确,评价语言丰富,能很好地推进美术教学,吸引学生的注意力。	部分环节语言有一点啰唆,美术语言的使用偏少。	教师语言要规范,有些环节还可适当精简语言,在作品赏析和评价中多使用美术专业术语。
学生作业	作业设计体现了分层教学,做到了尊重学生的主体意识。学生作品的呈现很完整,有新意。	学生作业的设计过于宽泛,展示和评价略显匆忙。	作业设计可以适度聚焦,展示环节可以留出更多交流的时间,让学生充分展示和探讨。

(三)重视表现性评价

《义务教育艺术课程标准(2022年版)》中指出:"围绕学生艺术学习实践性、体验性、创造性等特点,注重观察、记录学生艺术学习、实践、创作等活动中的典型行为和态度特征,运用作品展示、技艺表演等形式,对学生艺术学习情况进行质性分析,同时兼顾其他评价方式的应用。注重引导学生对自己的学习历程进行写实记录,丰富评价内容,提高评价的全面性、准确性。"

表现性评价是在学生进行美术实践的基础上,根据学生的各种行为表现直接判断其能力或者情感态度等的评价。表现性评价注重情境的创设,在真实情景中激发学生的反应,以考查学生在现实生活中分析问题和解决问题的能力。学生通过学习任务把美术能力可视化,美术教师根据一定的评价标准对学生的美术表现能力进行评价。

例如,在美术课中让学生动手设计制作陶艺作品(图9-2-2)、设计服装并进行表演、与民间艺人交流(图9-2-3),等等,通过学生自评、互评、师评,提升学生综合能力。表现性评价能克服传统测试低水平知识和孤立技能的弊端,能检验出学生在真实情景中解决问题的能力以及表现出的情感态度。

图9-2-2　学生展示陶艺作品并讨论 　　　　图9-2-3　学生与民间艺人交流

(四)坚持多主体评价

《义务教育艺术课程标准(2022年版)》中明确指出:"充分发挥学校、教师、学生、家长等不同评价主体或角色的作用,形成多方共同激励的机制,增强学生学习艺术的动力和信心。"

在美术教学过程中,教师可以充分利用现代信息技术和互联网,使评价多元化,形成学生、教师、家长和社会人员共同参与的互动式评价模式。

例如,重庆市渝中区天地人和街小学致力于研究智慧赋能的课堂教学和评价,打造教、学、评、管一体化的数字云平台,将大量学习内容设置在真实环境中,通过信息技术手段进行数据的过程性收集,从而形成学生成长电子档案袋。新媒体的应用对学生改进美术学习、美术教师精准进行教学产生了深刻的影响(图9-2-4)。

图9-2-4　学生在平板教室上课

二、主要环节的评价

学业评价包括三个主要环节:课堂评价、作业评价和期末评价。

(一)课堂评价

《义务教育艺术课程标准(2022年版)》中明确指出:"课堂评价是教学的有机组成部分。教师应面向全体学生进行评价,评价内容包括学生在学习过程中的行为表现、学习态度、课堂学习阶段目标的达成情况等方面。"

美术课堂评价要面向全体学生,不能只针对个别学生。美术课堂评价的设计要考虑到全体学生的成长和发展,学生在美术课堂评价中的主体地位不容忽视。

例如教学《蚂蚁搬家》一课时(表9-2-2),教师将课堂教学与评价有机融合,每个环节落实相应的核心素养,明确了评价内容和评价方法。教师通过学生的课堂学习行为、课堂学习态度、课堂学习阶段目标的达成情况,运用观察、提问、交流、记录等方式,对学生进行学习评估。

表9-2-2 《蚂蚁搬家》教学过程表

教学环节	核心素养	评价内容	评价方法
环节一: 介绍蚂蚁 激趣导入	审美感知	1.能跟随老师开始活动 2.能认真观看视频	观察
环节二: 分析思考 发现结构	审美感知	1.能发现蚂蚁身体的组成部分 2.能说出身体每部分的基本形状	提问、分析、讨论
环节三: 模仿体验 抓住动态	艺术表现	1.能根据视频,说出蚂蚁搬家时的动态 2.能模仿蚂蚁的动作 3.能发现蚂蚁运动时身体各部分的变化	观察、模仿、分析
环节四: 欣赏作品 学习方法	艺术表现	1.能欣赏作品,说蚂蚁动态 2.能观察食物,谈搬运方法 3.能观看视频,学绘画方法	观察、分析、分享
环节五: 自主创作 交流分享	创意实践	1.能根据作业要求完成创作 2.能自主分享作品并进行评价	实践、展示、评价
环节六: 课堂小结 思想提升	文化理解	1.能感受团结的力量 2.能做到互帮互助	分享

(二)作业评价

《义务教育艺术课程标准(2022年版)》中明确指出:"作业评价作为课堂教学的有效延伸与补充,是促进学生学习发展的手段之一,是学习评价的重要组成部分。作业设计应注重素养立意,体现开放性、情境性、整合性,难度合理,类型多样,可包括独立完成型与团队合作型、书面型与活动实践型、巩固练习型与创意实践型,也包括共性化作业与个性化作业。"

美术作业评价是美术教师以作业为载体,发挥美术作业的互动化优势,运用以作业为中心的教学资源进行师生合作教学的过程。学生根据自己的已有经验或者学习的新知识,在创作美术作品的实践过程中,将知识按照自己的理解用实物呈现出来,以此来完成自身知识结构与思维的构建。

作业评价既要关注结果,如实物作品、视听表演、数字化编创作品等,也要关注过程,如方案策划、素材收集、创意构思等。可见,美术教师不仅要关注学生的作品,还要关注学生创作作品的过程。美术作品的评价形式多种多样,可以是等级与评语相结合、定量评价与定性评价相结合等。教师尽量多发现学生的优点与潜质,以激励评价为主。

(三)期末评价

《义务教育艺术课程标准(2022年版)》中明确指出:"期末评价应立足于对学生艺术素养发展状况进行全面评定,应包括课堂评价、作业评价和期末考核的结果。其中,期末考核要依据本学期的课程目标、内容、教学实际组织实施,注重采用具有综合性的题目或任务,可运用表演、展示、纸笔测试、档案袋等方式。"

期末评价是评价学生全学期学习与发展的重要环节,既要注重结果又要注重过程。美术课程期末评价应在坚持统一原则的基础上强调个性,为学生自主、全面发展提供尽可能多的路径。

三、评价结果的呈现和运用

《义务教育艺术课程标准(2022年版)》中明确指出:"评价结果可以采用分项等级制和评语相结合的方式呈现,避免单纯以分数评价学生。评语要简练、中肯、有针对性,以便学生准确了解自己的表现和结果,并知道今后的努力方向。针对不同学生的特点,对评价结果要作个性化、发展性的解读。注重运用学生评价结果反思、改进教学。"

(一)评价结果的呈现

美术课程评价结果会直接影响学生对美术的喜爱程度和对自我美术素养的认知,所以,设计多样的评价结果有利于激发学生学习美术的兴趣和自信心,推动教师改进美术教学。美术教师在进行评价时,可以依据美术课程核心素养,通过等级和评语对学生的作品进行评价。

例如,重庆市渝中区天地人和街小学在期末评价中除用分数评价外,还进行了个性化的评语探索。一位美术教师这样评价五年级的某位同学:"你神奇的小手在美术课堂中大放异彩,积极参加美术活动和学习活动。在你飞舞的画笔中,我们感受到了你热爱艺术的心,一幅幅生动的作品将喜怒哀乐在纸上展现,有趣的作品处处可见美丽。偶尔也会有画面不理想的时候,但在老师的点拨中重新起航。愿你在艺术的大海中学会静心思考,乘风远航!"

(二)评价结果的运用

将美术学业评价结果纳入学生综合素质评估之中,在一定程度上保证了评价结果的有效运用。美术学业评价结果的运用应充分体现全面推进素质教育的精神,着眼于评价的诊断、激励与改善功能,促进美术教学质量不断提高。

重庆市渝中区天地人和街小学在"和美之星"的评选中(表9-2-3),关注了音、体、美等学科的学习情况,将美术学业评价结果纳入了综合素养的比拼中。在学业评价结果运用的推动下,该校学生美术素养的差距进一步缩小,学生在市、区级艺术测评中优良率越来越高。

表9-2-3 "和美之星"评价标准表

基本条件	其他条件
1.学期每次美术作业等级为A,素质报告单上各项目等级为A。 2.积极参加校内校外各项艺术活动及比赛。 3.没有无故迟到、缺勤记录。 4.课堂纪律、学具准备不超过三次(含三次)违规记录。	(4—6年级)参加校内校外各项艺术比赛并获奖。

学习小结

通过本节的学习,我们了解了《义务教育艺术课程标准(2022年版)》的评价原则;知道了学业评价包含课堂评价、作业评价、期末评价;清楚了评价结果呈现和运用的重要性。

练习实践

1.通过已掌握的知识,说说《义务教育艺术课程标准(2022年版)》评价的原则有哪些?
2.说一说《义务教育艺术课程标准(2022年版)》中学业评价包含哪三个主要环节?

第三节
美术课程评价的基本类型

目前,中小学美术课程评价常用的类型有教学摸底型评价、教学反应型评价、教学反馈型评价、成果把握型评价和认可型评价等。

> **思考**
> 请列举你所了解的评价类型,并概述其特点。

一、教学摸底型评价

教学摸底型评价是美术教师走向学生的第一步,是诊断性评价的一种,在学期开始或一个单元教学开始前进行,目的是了解学生已有的知识水平、能力发展情况、学习上的特点以及不足之处,从而更好地组织教学内容、选择教学方法,以便因材施教。

比如,中小学美术教师在新学期接到新的班级时,为了顺利开展教学工作,在开学第一课时,通常会采用问卷调查、自我介绍、作品展示等方式,增进师生之间的了解。经过摸底,美术教师了解学生美术方面的能力,建立学生档案,以便更好地进行教学。

二、教学反应型评价

教学反应型评价是在教学活动中进行的,是美术教师根据学生的态度、表情来推测、判断教学效果的一种即时性评价。美术教师在课堂上要根据学生的反应及时调整教学。教师要善于发现学生对于不同教学刺激的即时反应,注重过程评价,努力将学生学习过程中所表现出来的不足,往有利于教学活动良性展开的积极方面诱导,体现以生为本的理念。[1]

比如,在上《静物一家人》一课时,教师出示了一组静物,有的学生一看就皱起了眉头,有的急忙问旁边的同学该怎么画。通过这些细节,教师判断出学生没有静物写生的基础,于是及时调整了教学环节,放慢了教学节奏,从最基础的知识开始讲解,运用拼摆小游戏让学生了解静物组合的关系,使课堂变得生动有趣,学生也创作出了较好的静物作品(图9-3-1)。

---
[1] 丁淑钰.构建三环评价体系,提高翻转课堂的有效性——以《网页制作——超级链接》一课为例[J].科教文汇(上旬刊),2017(22):87-89.

图 9-3-1　学生静物作品

三、教学反馈型评价

教学反馈型评价是师生双方围绕课程和方法进行的评价。教学是一个互动的过程，教师教授给学生知识，并从学生那里得到反馈，从而改善自身的教学方法。通过教学反馈，教师可以获取大量信息来改进教学，提高课堂效率和教学质量。

例如，在《剪纸团花》一课中，教师通过观察学生剪的过程（图9-3-2）和学生的作品，可以发现学生掌握剪纸技法的程度，从而反思自己对教材的处理、对课堂时间的分配等，及时修正教学目标的偏差，不断积累经验，提高教学效率。

图 9-3-2　学生剪纸团花

四、成果把握型评价

成果把握型评价是一种综合评价方式,是指对某项学习、任务或活动的结果进行评估和分析,以确定其是否达到预期目标,从而为后续的教学计划提供参考。在进行成果评价时,要遵循目标明确、方法科学、过程公正、结果实用、评价持续等基本原则,以确保评价结果的客观性和准确性。美术课程的成果评价可以采用试卷评价,试卷内容一般以欣赏或应用为主,让学生愉悦地接受评价;也可采用作品展示的形式进行评价。[1]

小学美术教学中经常使用这种评价,学生非常喜欢。他们都希望自己用心创作的美术作品可以在校级或区级平台进行展示。各级美术作品展和美术比赛,给学生提供了展示的舞台和锻炼的机会。学生非常珍惜这样的机会,作品的展示和获奖大大提升了他们的自信心。这是一种生动活泼、行之有效的评价方式。(图9-3-3至图9-3-6)

图9-3-3 校内书法作品展

---

[1] 丁淑钰.构建三环评价体系,提高翻转课堂的有效性——以《网页制作——超级链接》一课为例[J].科教文汇(上旬刊),2017(22):87-89.

图 9-3-4　学生参加篆刻活动

图 9-3-5　学生参加软陶比赛

图 9-3-6　学生参加书法比赛

五、认可型评价

认可型评价是指运用专业知识和经验建立美术教育的最低标准,以此追踪调查各校的课程方案,从而保障教育质量。这种评价一般由学校自评和专家视察两个阶段组成。

目前,在对中小学进行美育评价时,常采用这种评价方式。一般先由教师、学生、家长、社区有关人员进行自评。自评报告包括学校美育的现状、优势、不足以及未来发展方向。参与美育视察的人员由美育专家或有美育经验的教育工作者担任,视察时间通常为3天,采用观察、会谈、测验、文件分析等方法收集资料,对自评报告进行评定,并提出认可与否的建议,最后由教育主管部门作出认定。

学习小结

通过本节的学习,我们了解了中小学美术课程评价的基本类型有教学摸底型评价、教学反应型评价、教学反馈型评价、成果把握型评价和认可型评价。不同的评价类型有着不同的评价方法,应该根据实际情况选择评价类型,以便有效开展中小学美术课程评价,促进美育发展。

练习实践

1.通过已掌握的知识,说说评价的基本类型有哪些。
2.你如何认识每种评价类型?

第四节
美术课程评价的基本方式

根据不同的标准，美术课程评价可以划分成多种方式。每种评价方式都有优势和不足，美术教师可以根据需求选择恰当的评价方式，使学生了解自己的学习状况，找出不足，激发学习美术的兴趣，从而提高课堂效率。

一、依据评价功能划分

20世纪50年代，布卢姆提出了“教育目标分类学”，并把教学评价区分为诊断性评价、形成性评价及终结性评价，这是目前大多数教师比较认可的教学评价类型。

（一）诊断性评价

诊断性评价是指在教学活动开始之前，为使教学计划更加有效而进行的评价，又称事前评价。诊断性评价是对学生是否具有达到新的教学目标所需的基本知识、能力和情感所做的评价。

教师在上课前，为了了解学情，常常会对学生进行问卷调查。例如，在《剪纸团花》一课中，教师为了了解学生知道哪些剪纸知识，会哪些技能，通常会发放课前调查问卷（图9-4-1），以了解学生当前的知识和能力，便于设计教学目标，确立教学重难点，从而顺利地完成美术教学任务。

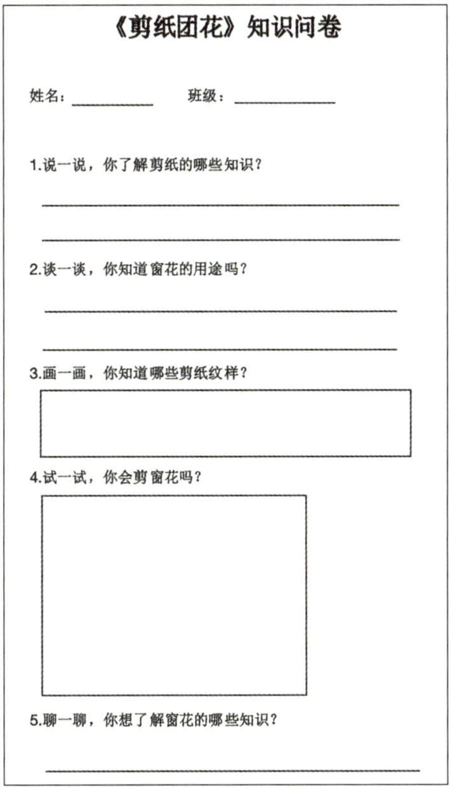
《剪纸团花》知识问卷

姓名：________ 班级：________

1.说一说，你了解剪纸的哪些知识？

2.谈一谈，你知道窗花的用途吗？

3.画一画，你知道哪些剪纸纹样？

4.试一试，你会剪窗花吗？

5.聊一聊，你想了解窗花的哪些知识？

图9-4-1 《剪纸团花》知识问卷

(二)形成性评价

形成性评价是指在教学过程中为了解学生学习情况,及时发现问题而进行的评价。形成性评价的主要目的是明确教学中存在的问题和改进的方向。以前的评价只注重学习结果,而形成性评价则强调学习过程,重视评价的反馈功能,其目的是实施适合学生的教学。

"造型·表现"领域的教学常进行小练习,从而发现学生创作中的错误或困难,然后根据学生实际需求提供指导和帮助。学生在创作的过程中,记录自己的创作思路、方法和反思,形成学习档案袋(图9-4-2)。这种评价有助于教师发现自己在确定目标、教学方法、程序组织、手段使用等方面的得失,以改进教学。

图9-4-2　学生学习档案袋

(三)终结性评价

终结性评价是指在教学活动后为判断其效果而进行的评价,也称事后评价,一般在期中或期末进行,主要作用是了解学生的成绩,预测学生在后续学习中获得成功的可能性。教师可以据此确定后续的进程,为学生提供学习反馈。

比如,一些学校进行美术学科期末成绩测评,采用的就是终结性评价。这种评价多为综合性评价,一般是结合学生平时的课堂作业成绩、课堂表现、期末考试和校外学习等方面,对整个学期的美术学习过程进行全面的评价,并给学生评定成绩,记录在学生的素质报告单中。

二、依据评价工具划分

依据所使用的工具,教学评价主要分为量化评价和质性评价。两者在理论基础、价值取向、操作方法、评价主体的作用等方面都不同。

(一)量化评价

量化评价是一种数量化的评价方法,主要运用统计与测量的方法,对被评价的资料信息进行数字化处理,进而对评价对象做出价值判断。量化评价诞生于20世纪60年代的西方,与当时社会普遍追求科学化的价值观相合,一度在评价领域占主导地位。

例如,重庆市渝中区在进行美育专项技能测评时,为了以事实为依据提升学生的美术素养,区教委对全区的学校进行了抽测。被抽测的20所中小学对全校学生进行了美育专项技能考核,通过统计和演算,推导有价值、有意义的数据资料,然后进行分析,从而发现全区中小学美术教育的总体水平。

(二)质性评价

质性评价主要是在描述的基础上进行评判,通常表现为书面的鉴定或评语。一般来讲,这种评价方式主观性很强,虽然能更清晰地传达出被评价者的优点与缺点,但不够精准。质性评价的基本形式有观察法、评语法、档案袋评价法和访谈法等。

重庆市渝中区天地人和街小学美术教学的平时课堂作业常采用质性评价,即采用等级加评语的形式给出评价。比如在《线的魅力》一课中(图9-4-3),教师给出了这样的评语:"线描作品的线条还可以再流畅一些,注意粗细对比,作品整体效果会更好一些";"你的线描作品构图不错,线也比较流畅,如果疏密对比再明显一些,作品会更有韵味";"你的综合线材作品很有创意,下次在制作上如果能够更细致些作品会更好"。除了对作品的建议,还可以对学生的行为习惯以及过程方法给出合适的建议。

图9-4-3　学生作品

三、依据评价主体划分

评价主体是指直接从事评价活动的人。按照评价主体的不同,可以把评价分为外部评价和自我评价。

(一)外部评价

外部评价是教育评价的类型之一,是来自被评价对象以外的评价主体所实施的评价,也叫他人评价。除自我评价以外的所有评价都是外部评价,如他人评价、行政评价、社会评价、学生评价等。

例如,学校的领导经常会到美术课堂听"推门课"(图9-4-4),以了解美术教师的日常教学,给出评价和相应的建议。教委也会经常组织专家到校进行教学督导,从听课、访谈到查看学生作品,对学校的美术教学给出相应的评价,以促进学校美育的良性发展。

(二)自我评价

自我评价是课程设计者或使用者对自己实施的评价。比如,中小学美术教学常采用学生提出想学习的知识,然后自己收集资料,小组合作解决问题,最后找出答案的教学形式。在作品展示环节,教师会请学生根据所学知识,上台对自己的作品进行评价(图9-4-5)。在评价的过程中,学生自己发现自己作品的优点和缺点,好的地方继续发扬,不足的地方及时改进,让作品更完善,并巩固美术知识和技能。

图9-4-4 教研员及校领导听美术课

图9-4-5 学生在美术课中展示作品并评价

四、依据评价标准划分

根据评价运用的标准,评价可以分为相对性评价、绝对性评价和个体内差异评价。

(一)相对性评价

相对性评价又称为常模参照性评价,是运用常模参照性测验对学生的学习成绩进行的评价。它的评价标准不是固定的,甄选性比较强,有利于发现群体当中比较优秀的人才。它的缺点是不能明确表示学生的真正水平,不能表明学生在学业上是否达到了特定的标准,对于个人的努力状况和进步的程度也不够重视。

中小学在组织学生参加各级各类比赛时,通常采用相对性评价,比如给出一个主题,让学生进行创作,通过对比选出最优的作品,确定参赛人选。除此之外,学校的美术社团(图9-4-6)、特长生培养、展示活动等,也常采用这种评价方式。

图9-4-6 美术社团活动

(二)绝对性评价

绝对性评价又称为目标参照性评价,是运用目标参照性测验对学生的学习成绩进行的评价。它的评价标准是固定的,如用固定的分数来进行评价。绝对性评价比较适用于毕业考试和合格考试,但是不利于甄选人才。

比如,重庆市在进行中小学美术素养监测时,通常就是采用绝对性评价,具体做法是上机答题(图9-4-7)和纸质绘画相结合,得出相应的分数,再将分数与重庆市确定的达标分数进行比较,以判断学生在美术素养方面是否达到应有的程度。绝对性评价可以衡量学生在美术学习中的实际水平,了解学生对美术知识和技能的掌握情况。

图9-4-7 学生上机答题

(三)个体内差异评价

个体内差异评价是对被评价者的过去和现在进行比较,或将评价对象的不同方面进行比较。一般从被评价对象的实际出发,以被评价对象自身某一时期的发展水平为标准,判断其发展状况。这种评价方式的优点是充分尊重个体差异,可以因材施教,适当地减轻了被评价对象的压力;缺点是由于评价本身缺乏客观标准,不易给被评价对象提供明确的目标,难以发挥评价的应有功能。

例如,美术教师在评价某个学生时,常采用个体内差异评价。一种方法是对他的美术作品进行纵向比较,发现其在美术学习中的进步或者退后;另一种方法是通过分析他的绘画、手工、设计等不同类型的作品,发现他哪一种技能掌握得好一些,哪一种稍差些,从而进行精准评价,给出学习建议。这种评价方式充分尊重了学生的个性发展,照顾了个体差异,但由于被评价者不与他人进行比较,难以找出差距。

学习小结

通过本节的学习,我们了解了中小学美术课程评价的基本方式依据评价功能可划分为诊断性评价、形成性评价、终结性评价;依据教学评价中所使用的工具可划分为量化评价和质性评价;依据评价主体可划分为外部评价和自我评价;依据评价运用的标准不同可划分为相对性评价、绝对性评价和个体内差异评价。每一种评价方式都有自己独有的用途,我们在选择评价的时候,应该根据实际,选择一种或多种评价方法,以更好地为美术课程服务,切实提高中小学美术教学质量。

练习实践

1. 说说评价的基本形态有哪些?
2. 依据评价主体可划分为哪几种评价?结合实际谈谈如何做到有效运用。

第十章
美术课程评价的设计思路与定位

学习目标

- 了解美术课程评价的设计思路与定位。
- 理解美术课程评价可以运用到哪些环节,以及如何形成多主体、多角度的评价体系。
- 掌握美术课程评价定位的要点、基本思路和方法。
- 能够将所学的美术课程评价相关知识运用到实践中。

知识导图

美术课程评价的设计思路与定位
- 第一节 美术课程评价的设计思路
  - 确定评价目标
  - 明确评价标准
  - 设计评价维度
  - 撰写评价方案
- 第二节 美术课程评价的定位
  - 美术课程评价定位的依据
  - 美术课程评价定位的要点
  - 美术课程评价定位的基本思路
  - 美术课程评价定位的内容

第一节
美术课程评价的设计思路

美术课程评价的设计思路涉及确定评价目标、明确评价标准、设计评价维度、撰写评价方案四个部分的内容。制订评价目标和评价标准不能离开课程、课堂、教师、学生。课程评价的架构是有效开展评价的总体思路。撰写课程评价方案就是细化评价框架的内容，方案越细致，评价就越有效。

> **思考**
> 1. 请列举你所了解的课程评价设计思路。
> 2. 请阐述你对美术课程评价思路的理解。

一、确定评价目标

美术课程评价目标的设定要结合课程内容，以三维教学目标为参考，关注学生对知识、技能的掌握和情感的传递与表达。评价课程目标是否达成，是为了优化教学设计，提升教师的执教能力；同时了解学生掌握知识的真实情况，帮助他们在感知、体验美术文化的基础上，实现从再现知识向创造知识转变。

二、明确评价标准

美术课程评价针对的主要是教师教学行为和学生学习表现。对教师教学行为的评价要结合美术课程的教学目标，将新课程标准的理念落实到教学全过程，围绕教学内容、教学设计、教学方法、教学成效展开。对学生学习表现的评价要关注学习态度、学习状态、习惯养成、知识掌握、学习成效等方面，在各个评价环节中体现美术课程的特点。例如，评价儿童画作品，可以从童趣、想象力、色彩、构图等方面展开；评价线描作品，可以从线的表现力、线的节奏、疏密、强弱等方面展开。

以湘美版小学美术三年级上册《线的表现力》一课为例。本课的教学目标是让学生在欣赏、分析、讨论等实践活动中形成对"线"这一绘画要素的认识。学生在生活中寻找线条，发现线条有粗细、疏密等差异，不同的线条可以带给人不同的感受。教师出示中国画家吴冠中的代表作品《春如线》，让学生在欣赏、讨论中分析作品中线的粗细、快慢、强弱和节奏；再观看康定斯基的画作《作品Ⅷ》，探究同样是用线，为什么两幅画的线条组合、排列形式不同。通过分析，学生初步理解线的存在离不开点和面这两个要素。(图 10-1-1)

接下来的《新发现》一课，旨在引导学生从蔬菜水果的切面中，发现由线的种类、颜色、排列等的变化而产生的节奏感，强化学生对线的认知(图 10-1-2)。教学评价可以因内容、环节的不同而调整，重点在于引导学生运用自己掌握的知识与技能进行表现与创造，培养审美能力和实践能力。

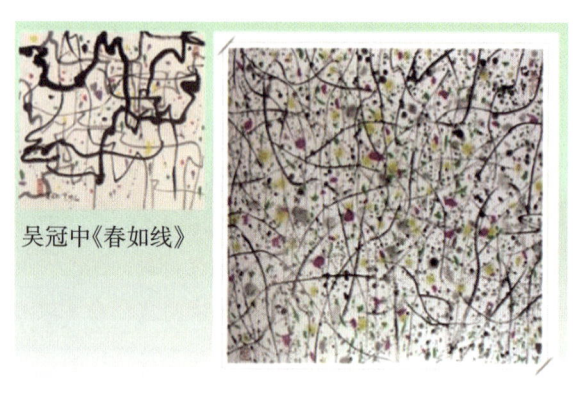

吴冠中《春如线》

康定斯基《作品Ⅷ》

图 10-1-1　《线的表现力》教学课件

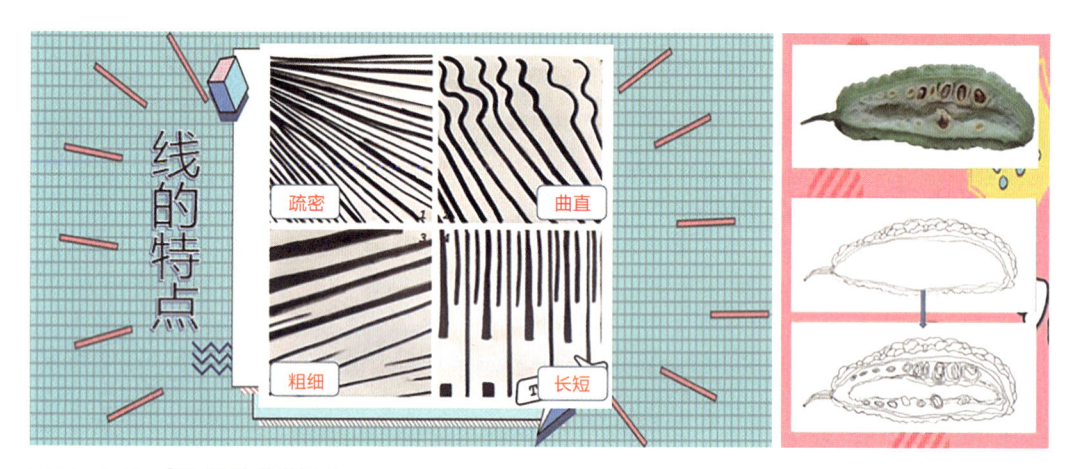

图 10-1-2　《新发现》教学课件

三、设计评价维度

教师要运用对比分析法、文献研究法、问卷调查法、统计调查法等方法，对美术课程评价维度进行设计。设计要基于为什么学、怎样学、怎样持久学来展开，关注学生的学习动力、学习能力、学习毅力，从学习主动性、学习探究性和学习持久性三个维度来构建美术课程评价体系。(图 10-1-3)

图 10-1-3　美术课程评价维度

在上完《水墨诗心》这一课后,教师从学生的学习反馈中感受到他们对水墨画非常感兴趣,愿意主动学习古诗,并根据古诗内容进行创作。为了让学生更好地掌握水墨画的相关内容,教师将四幅画及相应的古诗打乱顺序后展示给学生,请学生来进行匹配,让学生学会根据画面探究古诗的内容。这一环节结束后,教师出示新的诗句,让学生进行创意呈现。学生在了解古诗含义和水墨画特点的基础上进行创作。这一过程中的评价,要对学生的分析和探究能力做出肯定。

为了突出学习的持久性,教师结合正在研究的"古诗配画"课题,设置了延伸课"藏在古诗里的画意",在六个年级全面展开。不同年级的学生用不同的表现形式,将作品呈现在书签、明信片、团扇、纸扇、灯笼等物品上。教师还设置了实践作业,来强化学习的持久性。(图10-1-4 至图 10-1-6)

图 10-1-4　学生创意实践作品

图 10-1-5　延伸课堂作品展示

图 10-1-6　家长入校参观教学成果

四、撰写评价方案

课程评价方案	
评价要点	获得 ☺😐☹
课程设置具有自己准确的理解	☺☺☺
课堂教学目标清晰、简明	☺☺☺
教学目标在课程评价中清晰明确	☺☺☺☺
教学评价设计关注美术学科知识体系	☺☺☺☺
课程评价设计切中课程设置的教学重难点	☺☺☺☺
评价充分关注学生学习反馈，敢于根据学生临时生成打破评价规划	☺☺☺☺
很好地利用教学中出现的各种"意外"，将其转化为课程评价的有利因素	☺☺☺☺
善于抓住学生思维的焦点或疑点，启发学生思维，进行富有时效的有效评价	☺☺☺☺
整个课堂自然发声，秩序井然，根据学生学的情况展开评价	☺☺☺☺
课程内容设置让学生深度卷入	☺☺☺
……	

图 10-1-7　课程评价方案

课程评价方案应细化评价指标,让评价真正做到有指向性(图10-1-7)。以《条纹乖乖》一课为例,课程评价应关注教师是否在解读教材后设定了教学目标,是否在教学过程中让全体学生都积极参与,是否对课堂做到了妥当的整体把控,等等。

教师将"只有睿智、博学的人才能看到国王的新装"作为教学情景。学生在阅读课文后,发现国王的新装用到了各种条纹,而且条纹的重复是有规律的。教师对教学情境的设置,关注到了"线"这一教学重点。

引出条纹后,教师出示了条纹的方向、粗细、色彩各不相同的场景,让学生认识到只有整齐、有规律的条纹才是"乖乖条纹"。在这一过程中,师生交流顺畅,学生纷纷表达了自己对条纹的理解。教师充分关注来自学生的反馈信息,并根据课堂实际,打破了课前的规划,将课堂上出现的各种意外,转化为有利因素,增强了课堂的趣味性。(图10-1-8)

图10-1-8 课堂精彩瞬间

学生认识了线条后,教师又请身穿不同条纹服装的学生上台展示,为下一环节"运用不同材料的线条装饰衣服"打下基础。教师运用平板教学,出示空白服装和不同的装饰材料,让学生小组合作设计条纹衣服,完成后在大屏幕上展示。学生在这一过程中充分发挥了主观能动性,教师则抓住学生的优点和缺点进行启发点拨,点燃了学生的创作热情。

整个教学过程中,评价由点及面,让学生在轻松、活泼的环境中理解教学内容,培养了创造能力。

学习小结

通过本节的学习,我们了解到美术课程评价的设计思路包含确定评价目标、明确评价标准、设计评价维度和撰写评价方案。评价可以从教师教学行为层面和学生学习层面来展开,关注教学实施和知识内容的讲授。课程评价方案要明确学习动力、学习能力、学习毅力如何得到落实,只有明确了为什么学、怎样学、怎样持久学,才能增强学习的积极性。

练习实践

1. 简述美术课程评价的设计思路。
2. 根据课程评价架构,阐述评价方案中应关注哪些要点。

第二节

美术课程评价的定位

美术课程评价的定位是美术课程评价设计活动的前提,是对整个评价活动的方向、主题和目标的整体把控。在美术课程评价活动中,定位是先决条件,具有指导性和规范性作用。

> 💡 **思考**
>
> 请阐述你对美术课程评价设计依据和要点的理解。

一、美术课程评价定位的依据

美术课程评价的定位可以基于评价目标、评价内容、评价主体及对象、评价成果等进行,还要考虑到影响课堂评价定位的诸多方面,如国家出台的纲领性文件、课程架构、课程目标等。

2019年,中共中央、国务院印发《关于深化教育教学改革全面提高义务教育质量的意见》,提出要健全质量评价监测体系。2020年,中共中央、国务院印发《深化新时代教育评价改革总体方案》,明确提出教育评价改革的总体要求和重点任务,到2035年基本形成富有时代特征、彰显中国特色、体现世界水平的教育评价体系。教育部2022年印发的《义务教育艺术课程标准(2022年版)》则对课程评价具有直接的指导作用。

这些文件指导着美术课程评价的实施。美术课程评价在美术课程实施中发挥着教育导向和质量监测的作用,同时也是重要的教育手段之一。它可以及时地指导和帮助师生改进美术教学活动,不断提高美术教育质量。

二、美术课程评价定位的要点

美术课程评价要贯彻义务教育课程方案和课程标准中的指导思想,结合《义务教育艺术课程标准(2022年版)》划分的4类艺术实践活动和不同教学环节展开。4类艺术实践活动涵盖16项具体学习内容。各学段设置了不同的学习任务,并将学习内容嵌入学习任务中。要解读美术课程中的评价要点,就需要概括、提炼各类艺术实践活动中隐藏的学习要点(图10-2-1)。

"欣赏·评述"要求学生通过学习,能够用多样化的美术语言来分析美术名家名作及其艺术流派,探究美术发展,夯实理论素养,强化知识储备。评价要结合探究、分析、表达展开。

"造型·表现"要求学生能够采用不同的表现方式来进行创意表达,在掌握美术知识和制作技能的同时,更强调思维方式的养成。学生在课堂学习后,能够结合生活中可以找到的不同材料制作平面、立体、动态或综合化呈现的作品,表达自己的思想和情感,在传承中不断创新。评价可以从技能、思想、情感等维度展开。

"设计·应用"要求学生能够将设计相关的知识和技能应用到日常生活中,装饰美化生活。评价可以从工艺的运用、创新、传承等方面展开。

"综合·探索"要求学生将美术知识和音乐、舞蹈、自然、社会、科技等结合,在探索中进行知识解读与迁移。评价可以从多样性切入。

欣赏·评述
· 用多样化的美术语言来分析美术名家、名作及其艺术流派
· 探究美术发展,夯实理论素养
· 结合探究、分析、表达展开评价

造型·表现
· 采用不同的表现方式来进行创意表达
· 掌握美术知识和制作技能,强调思维方式的养成
· 从技能、思想、情感等维度来展开评价

设计·应用
· 将设计与工艺相关的知识和技能应用到我们日常生活中
· 装饰美化生活
· 从工艺的运用、创新、传承来评价

综合·探索
· 将美术知识和生活中的音乐、舞蹈、自然、社会、人文、科技等结合
· 在综合探索中进行知识解读与迁移
· 评价可以从多样性切入

图 10-2-1 四类艺术实践活动评价要点

三、美术课程评价定位的基本思路

美术课程评价的定位在纲领性文件的指导下,以美术课堂作为评价实施的主阵地。评价的基本思路是结合三维教学目标、课堂教学内容和教学环节展开。三维教学目标将评价指标划分为两大类,即基础评价指标和发展评价指标。根据教学环节展开评价,可以关注学具准备、基本功强弱、课堂倾听、独立思考、课堂发言、小组合作探究、艺术实践能力等维度。

例如,在《色彩对印》一课中,教师将三维教学目标确定为:

知识与技能:掌握水上拓印色彩花纹的方法,加深对色彩情感的认识与感受。

过程与方法:感受水色流动变化所产生的奇妙效果,增进对色彩美的审美体验。

情感态度与价值观:提升发现美、领悟美、创造美的能力,培养学生对家乡的热爱之情。

学生在课前自主查找和水拓画相关的材料,按教师的要求准备好了学习工具,认真、用心的态度值得肯定。教师所教班级较多,而每个班的学习情况都会有所不同,因此,教学环节在不同的班级会有差异化。过程性评价也要体现出同中求异,关注课堂上问题和答案的生成。形成性评价也会注入更多的评价点,比如学生的知识掌握程度、课堂意外情况的转化等。阶段性评价可在课程完成后进行,从学生的课堂参与度、知识理解度、合作学习度、创意实践完成度、知识拓展度、师生配合度等方面展开。终结性评价则可纵向展开,既要关注学习过程,又要以评价落实学生的课堂掌握情况,强化课程愉悦性和参与感(图10-2-2)。

图 10-2-2　课堂精彩瞬间

四、美术课程评价定位的内容

(一)核心内容

美术课程评价定位的核心内容可以结合新课程标准划分的4类艺术实践活动和不同教学环节来确定,在不同领域的艺术实践活动中突出学习要点。

课程评价不仅仅是教师评价学生,学生也可以评价教师,关注教师的教学状态。一节精彩课堂的呈现,需要师生的默契配合。教师的上课状态,学生的投入程度,课程内容安排是否重点突出等,都可以成为评价内容。教师要关注学生在课堂上的收获和习得知识后的拓展运用,及时反馈,让学生实现一课一得。

(二)具体要求

首先,要明确课程目标是否达成,教学重难点是否取得突破,学生在学习中是否有收获、有成长。

其次,要将评价的核心内容分为多级评价指标,涵盖从基础到学业、从习惯到知识的掌握、从课堂到课外活动等方面。

最后,要实现全员化评价。例如,运用学校的作品长廊或博物馆,展示学生的美术作业,让学生、教师、家长、社会人士参与评价,使美术课程评价全面化。也可以运用互联网、多媒体拓展成果展示渠道,扩大评价面。

学习小结

通过本节的学习,我们了解到美术课程设计评价的主要依据是新课程标准,知道了评价既要关注教师的教学和学生的学习情况,还要以评价反观教学目标的达成,为教学反思和优化教学设计打下基础。

练习实践

1. 试述不同艺术实践活动领域的评价要点。
2. 根据美术课程评价要点,设计四类艺术实践活动的评价量表。

第十一章

美术课程评价的方法

学习目标

- 了解美术课程评价方法存在的问题及其发展概况。
- 围绕典型案例理解美术课程评价方法。
- 掌握美术课程评价方法的定义、分类以及具体实施方式。
- 能在实际运用中有效地选择适合的美术课程评价方法。

知识导图

美术课程评价的方法
- 第一节 美术课程评价方法发展概况
  - 美术课程评价方法存在的问题
  - 美术课程评价方法的发展
- 第二节 美术课程评价的典型方法
  - 标准评价
  - 学习档案袋评价
  - 艺术实践展示评价
  - 差异性评价
  - 小组合作学习评价
  - 美术活动表现性评价
- 第三节 选择美术课程评价方法的原则
  - 目标达成原则
  - 可操作性原则
  - 专业特性原则

第一节
美术课程评价方法发展概况

在课程改革不断深入的大环境下,美术课程的教学目标、教学模式、教学内容都发生了变化,取得了一定的成果。但是,学界对美术课程评价的研究还不充分。从实践来看,美术课程评价对教师的授课方式与教学质量、学生的学习积极性和全面发展都具有积极作用,因此,对美术课程评价的方法进行探究具有重要意义。

一、美术课程评价方法存在的问题

从蔡元培在北京大学开设美学课以来,美术课程在中国已经有一百多年的历史。针对如何评价美术课程,学者们也提出了许多办法。《义务教育艺术课程标准(2022年版)》的颁布,为美术课程评价指明了新方向。但是,目前美术课程评价仍然存在以下问题。

(一)理论研究多,但可操作性弱

当前国内针对美术课程评价改革的研究较为丰富。有学者认为,美术课程的考核要讲究"透明"与"民主",所谓"民主"即评分权不仅仅为教师所有,而是教师与学生共有,简而言之,就是评价主体多元化。[1]有学者提出,在测试改革中,应采用成绩测试与水平测试、能力倾向测试相结合,主观性测试与客观性测试相结合的方法,这一方法侧重于评价方法的多元化。[2]

对任何一种理论来说,实践是使其获得生命的唯一方法。在美术课程评价中,落实评价理念一直是难点。中小学美术课程中,学生数量多、课时少、学习渠道单一等原因,使得课程评价往往流于形式,达不到预期效果。因此,如何将美术课程评价理念转化为可操作的评价方式,是一个亟待解决的问题。

---

[1] 范守信.素质教育与"美学"课程教学改革[J].高等工程教育研究,2003(5):85-87.
[2] 李莹波.美学、文艺学课程教学改革与大学生人文素质的培养[J].吉林广播电视大学学报.2011(11):119

(二)美术类课程评价体系单一

《国家中长期教育改革和发展规划纲要(2010—2020年)》明确提出要改进教育教学评价,积极探索能够有效促进学生发展的多种评价方式。然而,中小学美术课程评价仍然停留在传统的评价模式上,具体表现为:

其一,评价主体单一。多数情况下,中小学美术课程的评价权仍掌握在教师手中,学生基本没有参与权,即使有,也是在课堂结束时做零星的评价。教师在评价过程中居于主导地位,多数是凭借美术教师自身的经验进行判断,缺乏客观性。在评价方式上,教师很少为学生撰写评语,通常是只给出等级,评价标准和评价理由不明确。学生的作业很相似,但等级却不同,也不知道差别究竟在哪里。学生不知道哪些地方需要改进,逐渐丧失了学习美术的积极性。

其二,评价方式单一。在传统的美术教学当中,课程评价的重心往往是美术作业。这种评价方式只是对学生课堂学习这一段时间内的评价,而不是对学生整体审美水平发展的评价,没有达到课程评价的根本目的。中小学美术类课程评价应该重视每一阶段的形成性评价,才符合美育的特征。

(三)课程评价滞后

通常来说,一门课总是先进行教学,然后才会进行评价,时间跨度有可能是整个学期。对教师来说,课程评价本应是不断促进自身能力提升的重要方式。然而,传统评价模式运用单一的评价方式,带有极大的局限性。因为教育者只在课后进行反思,由教学到反思有一定的时间差,如果当时不记录,很快就会忘记。久而久之,一些课堂问题就会越发突出。

课程评价能够促进课程质量不断提高,然而很多学校的美术课程评价只强调总体性评价。教师得到的是总体性的分析,学生获得的则是抽象的数据。这种终结性的、静止性的评价无论是对教师还是学生而言作用都不大。

二、美术课程评价方法的发展

中小学美术课程评价方法经过多个阶段的发展,大致可以分为三个时期:前课程评价时期、课程评价初创与发展时期、课程评价的反思与重建时期。在三个时期,课程评价方法表现出不同的特点,经历了从模糊到细化再到追求有效性的变化。

美术课程评价方法的发展过程经历了从传统的、较为单一的评价模式向更加多元化、综合化和个性化的评价模式的转变,主要包括以下阶段:

(1)单一技能评价阶段:早期美术课程评价主要侧重于学生绘画技能的评价,如线条的流畅性、色彩的搭配、构图的合理性等。这种评价方式较为直观,但忽略了学生的创造力和想象力。

(2)认知与情意评价阶段:在这一阶段,美术课程评价开始注重学生的认知能力和情意表达。除了评价学生的美术技能外,还关注学生在创作过程中的思考、感受以及作品的情感传达。

(3)多元评价主体阶段:美术课程评价从单一的教师评价扩展到学生自评、学生互评、家长评价等,实现了评价主体多元化。这种评价方式有助于更全面地了解学生的学习情况和进步程度,同时也促进了学生之间的交流与合作。

(4)技术辅助评价阶段:当前,随着科技的不断发展,各种技术和工具开始被应用于美术课程评价中。例如,使用数字化工具来收集和分析学生的作品数据,或者使用虚拟现实技术来模拟创作过程等。这些技术辅助评价方法使得评价更加科学、准确和高效。

美术课程评价方法的发展过程,既体现了教育理念的更新、教学方法的改进,也体现了教育技术的不断进步。随着课程改革的持续推进和信息技术的不断发展,美术课程评价方法也必将不断完善和优化,变得更加科学、全面和有效。

学习小结

通过本节的学习,我们初步了解了美术课程评价方法目前还存在的问题,以及美术课程评价方法的发展。

练习实践

1.试析当前美术课程评价方法存在的问题。

2.针对美术课程评价现状中的某个问题,分析其解决办法。

第二节

美术课程评价的典型方法

中小学美术课程评价以实践为基础，以发展为目标，以标准评价、学习档案袋评价、艺术实践展示评价、差异性评价、小组合作学习评价以及美术活动表现性评价为主要类型，积极探索符合课程标准基本精神、体现现代教育特征、彰显美术学科特色的评价体系，加快了学生的全面发展和教师的专业发展，凸显了美术课程在改进美育教学、提高学生审美和人文素养中的积极作用。

> **思考**
>
> 请列举你所了解的美术课程评价的典型方法并概述其特点。

一、标准评价

《义务教育艺术课程标准(2022年版)》提出，在评价中努力体现标准的理念和目标，充分发挥评价的激励与反馈功能，帮助学生树立学习信心和发现自己的不足，促进学生在美术学习方面的发展。同时，通过评价获得准确的信息反馈，帮助美术教师不断改进教学工作。标准评价也就是根据课程标准进行评价的方法。

课程标准具有权威性和法律性。课程标准是国家教育意志在课程层面的体现，这是课程标准权威性的根据。标准评价是基于四大核心素养的评价，在审美感知、艺术表现、创意实践、文化理解上有清晰的目标，并以一定的标准呈现评价尺度。教师以此评价学生的发展，教研和管理部门则以此评价教师的教学，以确定学生的表现性水平和教师发展的进程。

二、学习档案袋评价

《义务教育艺术课程标准(2022年版)》提出，鼓励运用美术学习档案袋、展示和课堂讨论等质性评价方法。美术课程的学习档案袋评价是质性评价的一个类型，可以比较准确、细致地反映学生的成长和变化。学习档案袋评价是从量变到质变的评价，是美术课程发展性评价中常用的评价方法(图11-2-1)。

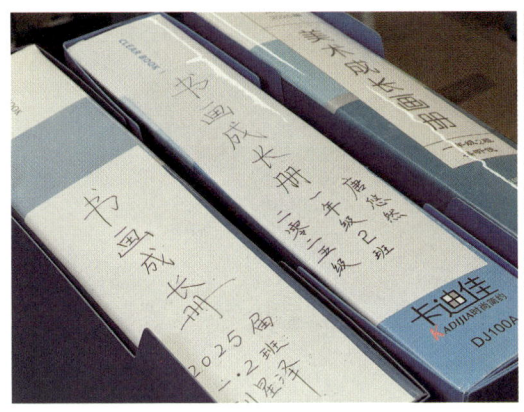

图 11-2-1　美术学习档案袋

(一)学习档案袋评价的特征

一是评价对象的主体性。学生在自评、互评中收集整理自己的美术作品以及相关的资料,能够记录自己在美术学习过程中成长的轨迹。

二是评价内容的多元性。学习档案袋评价范围广,改变了教师评价、结果评价和单一作业评价的弊端,有利于全过程地反映学生的心理、智力、情感、审美、创造性等方面的发展。

三是评价形式的主动性。学习档案袋评价图文并茂,形式生动,能充分展示美术学科评价的特点。

四是评价过程的开放性。学习档案袋是最能反映学习成就的实物材料,建立了立体评价模式,从课堂学习到课外、校外艺术实践活动,多视角地对学生的学习态度、情感、知识与技能等进行展示。

(二)学习档案袋评价的作用

一是学习档案袋以图文的方式记录了学生美术课程中学习成长的轨迹。

二是学习档案袋收集的图文资料,能为班级、学校、社会所用。

三是学习档案袋改变了师生交流方式。学生在收集图文资料的过程中,不仅关注了自己学习的成果,也增强了与同学的交流。

四是学习档案袋激发了学生学习的动机。教师有针对性的教学,有助于学生收集到满意的图文资料,看到自己的进步与成功,激发学习美术的热情和兴趣。

三、艺术实践展示评价

艺术实践既是美术课程不可缺少的教学环节,也是美术教学的常规措施。艺术实践展示评价是对学生艺术实践成效的反馈,是课程目标、课程内容、课程资源等多方面的综合反

映。艺术实践展示评价是多样的,使用恰当,能够激发学生学习美术的积极性,助力学生的发展。(图11-2-2)

图11-2-2 学生艺术实践与美术作品展

(一)艺术实践展示评价的类型

一是艺术实践分段展示评价。美术课程中的艺术实践往往是分阶段实施的,特别是多课时的艺术实践,需要安排好每节课要完成的任务。

二是艺术实践激励展示评价。激励是美术课程评价常用的方法,对不同层次的学生都适用。

三是艺术实践跟踪展示评价。艺术实践是一个循序渐进的过程,在多次循环的过程中,学生的实践能力逐步提高,在某一个时期或阶段实现某个目标,达到艺术实践的某个等级。

四是艺术实践延时展示评价。中小学美术课程评价面对的是基础教育,学生对美术课程的认知也随着年龄的增长而逐渐成熟,知识和技能不断积累,审美水平也在上升,艺术实践水平也日趋成熟。

(二)艺术实践展示评价的要求

一是艺术实践展示评价关注创新意识,让学生的创作在实践活动中得到升华,在展示中得到肯定。

二是艺术实践展示评价关注基础知识。"双基"是有效开展艺术实践的基础,创造需要"双基"作为支撑,展示其实就是对"双基"与审美创造的展示。

三是艺术实践展示评价关注学科综合。确立学科融合的观念,有助于在新的美术学习中关注更深层次的评价。

四、差异性评价

学生的差异性是客观存在的。教师要承认学生的个体差异,实施差异性评价,让每位学生都能在最近发展区实现最优的发展,这是差异性评价所要追求的目标。

(一)差异性评价的要点

一是要明确差异发展目标。在美术教学中,教师要根据不同学生的能力和水平,制订具有差异性的评价目标,让每一位学生都能在差异发展中获得成功。

二是要坚持激励原则。着眼于学生的优点和长处,观察学生的细微变化,寻找闪光点,创设有利于进取的氛围。

三是要凸显主体评价思想。美术课程是面向全体学生的课程,美术课程评价也必然要关注到每一位学生,通过评价让学生的个性、潜力得到发挥。

(二)差异性评价的类型

一是不同年级的差异性评价。不同年级学生的身心发展差异度较大,美术课程评价的基础知识、基本技能和审美能力要求,必须体现不同年级的差异。

二是不同班级的差异性评价。由于学生群体的组合不同,同一年级不同班级的美术课程评价也会存在差异。教师在实施美术课程评价时,要熟悉班级之间的差异,对不同班级做出差异性评价。

三是不同学生的差异性评价。学生的差异性是客观存在的,教师应尊重差异,正确对待差异,同时关注个体差异,以保护和调动每位学生的学习兴趣和积极性。

四是不同教师的差异性评价。在中小学美术课程评价中,教师个体的差异也需要关注,使差异性评价在促进学生成长的同时也促进教师的成长。

五、小组合作学习评价

在基础教育课程改革的推进中,小组合作学习成为学习方式转变的亮点。

(一)小组合作学习评价的要点

一是要善于把握小组合作学习评价的实质。

二是要善于进行学习小组组建与成员分工。教师在组建小组时,应充分考虑结构的合理性。

三是要善于选择小组合作学习评价的时机。小组合作学习是美术课堂教学的重要方式,小组合作学习评价也是重要的评价方式。教师要善于把握小组合作学习评价的时机,选择恰当的内容开展小组合作学习评价。

四是要善于营造小组合作学习评价的氛围。美术课程的小组合作学习评价需要教师创设民主、和谐、宽松、自由的氛围,尊重和保护每一位学生的参与热情和积极性。

五是要善于增强小组合作学习评价的意识。教师要根据小组合作学习的目标,设定评价的任务,让学习小组在教学的每一个环节都关注评价,激发小组成员自主评价的意识和行为,培养小组的合作意识(图11-2-3、图11-2-4)。

图11-2-3　小组合作探究

图 11-2-4　小组合作学习与汇报展示

(二)理解小组合作学习评价的要求

一是要通过小组合作学习评价激发学生的表现欲望。美术课程的小组合作学习评价需要创设一定的情境,以此激发学生参与美术学习的积极性。

二是要通过小组合作学习评价满足学生的心理需求。基础教育美术课程面对的是不同年龄层次的学生,他们的身心发展在不同时期有着不同的反映。

六、美术活动表现性评价

(一)美术活动表现性评价的特征

一是表现性评价需要解决真实的、现实的问题。

二是表现性评价的"双基"是综合的。"双基"是表现性评价的基础,也是多方面知识与能力的综合。

三是表现性评价的内容是多元的,是围绕三维目标开展的评价。

四是表现性评价的思维是发散的,要从多角度、多渠道、多层次进行评价。

五是表现性评价的诊断是客观的。表现性评价着重于诊断学生在发展过程中产生的这样或那样的问题。

(二)美术活动表现性评价的要求

一是关注表现性评价的目标与态度。美术课程评价要关注课程目标,它是美术教学的方向,也是实施表现性评价的导向。

二是关注表现性评价的审美与创造。美术课程的审美与创造是其重要特征,美术学习的过程也是学生享受审美快乐和实施创造性活动的过程。

三是关注表现性评价的过程与结果。美术是一门审美性与技术性相结合的课程,美术课程评价也要关注这一特征。

学习小结

通过本节的学习,我们了解了美术课程评价的典型方法有六种,我们可根据实际情况选择适合的评价方法。

练习实践

1. 尝试罗列出美术课程评价方法的类型。
2. 选择一种美术课程评价方法,设计一个完整的评价方案。

第三节
选择美术课程评价方法的原则

选择美术课程评价方法的基本原则,主要包括目标达成原则、可操作性原则和专业特性原则。

一、目标达成原则

目标达成作为选择美术课程评价方法的基本原则,包含多个层次。在具体评价中,评价者面对的是各具特色的主体以及主体参与其中的丰富复杂的活动。评价者要以民主、平等以及欣赏的心态去理解他们。

在评价过程中,评价者要综合把握收集到的信息,与各评价主体交流信息,并通过移情作用,对特定的人的行为和情感进行理解。以理解为基础的课程评价,才能更切合评价对象的实际,更准确地把握评价对象的真实情况。

综合各评价主体的意见和建议,评价结果才会更有针对性和现实意义,也更易于被接受和采纳。因此,走向目标达成的课程评价,将是美术课程评价的努力方向。

二、可操作性原则

美术课程评价的可操作性主要体现在以下五个方面。

第一,观察。观察作品中色彩、构图、形态和线条等视觉语言的运用,了解作者的表现手法和技巧。

第二,分析。通过分析作品的表现手法、色彩运用、构图结构和细节等方面,了解作品所表达的主题或情感。

第三,比较。将不同时期或不同风格的作品进行比较,了解它们之间的异同,并从中感受作者的个性和特点。

第四,实践。通过实践,学习和运用绘画技术,从而更好地理解和欣赏美术作品。

第五,评价量表。以量化为目标的参照评价表,是指以预先设定、期待的教育目标为评价基准，将目标分解为具体的评价指标，并将指标细化为具体的等级或分值，通过美术教学的不同环节来衡量评价对象的量化评价。

综上所述，美术课程的体现操作性意味着观者通过对作品的观察、分析、比较和实践等，深入地理解、欣赏和体验美术作品，同时也可以借此提高自己的审美水平和绘画技能。

三、专业特性原则

专业特性原则，是指在美术课程评价中围绕美术课程的专业技能技法，根据评价对象的实际情况和评价参与者的具体情况，选择符合美术专业特征的评价方法。

学习小结

选用美术课程评价方法的基本原则包括目标达成原则、可操作性原则、专业特性原则。通过本节的学习，我们知道美术课程评价方法具体实施过程中需要考虑的方方面面，能够更有目的性地选择恰当的美术课程评价方案。

练习实践

1. 试析选择美术课程评价方法的原则。
2. 设计一个完整的美术课程评价方法的选择方案。

第十二章

美术课程评价案例评析

学习目标

- 了解美术课程评价方法在课程实施中是如何运用的。
- 理解在实际课程中如何选择不同的美术课程评价方法。
- 掌握基本的美术课程评价方法。
- 学会在美术课程教学中应用不同的美术课程评价方法。

知识导图

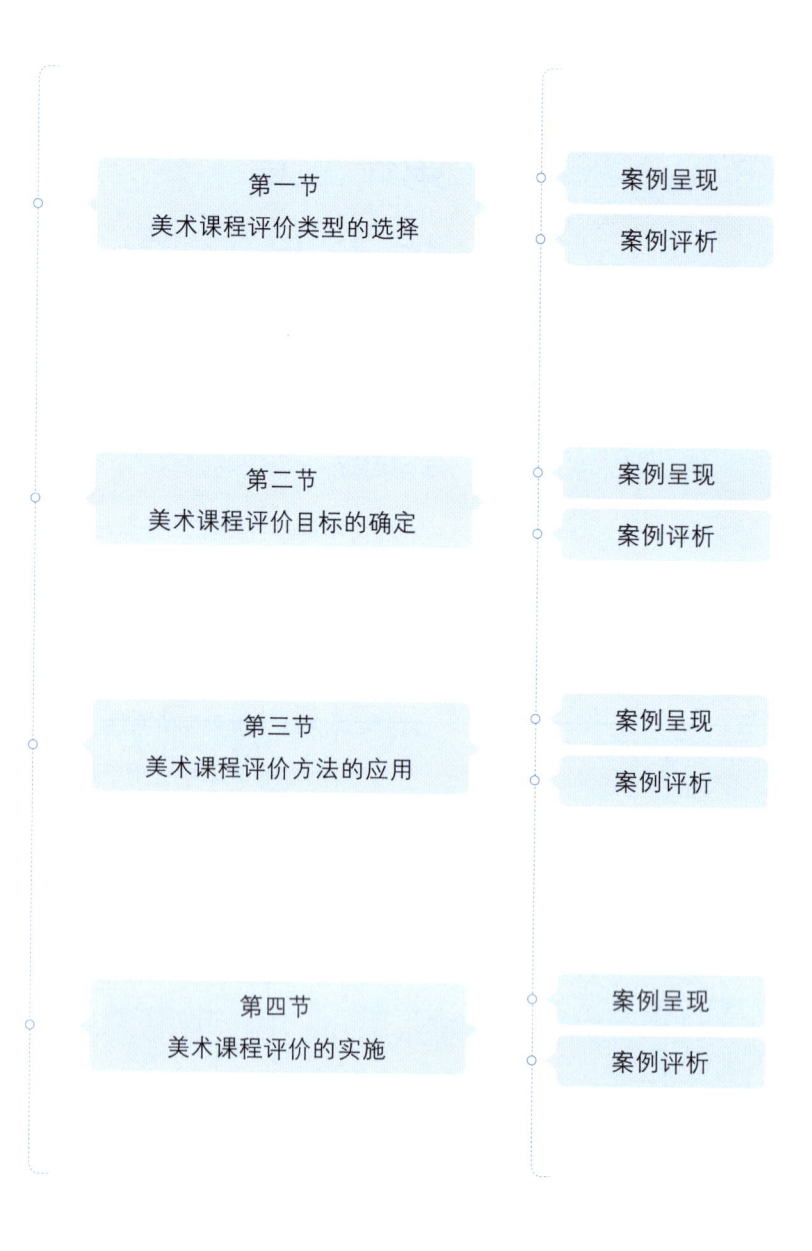

美术课程评价案例评析
- 第一节 美术课程评价类型的选择
  - 案例呈现
  - 案例评析
- 第二节 美术课程评价目标的确定
  - 案例呈现
  - 案例评析
- 第三节 美术课程评价方法的应用
  - 案例呈现
  - 案例评析
- 第四节 美术课程评价的实施
  - 案例呈现
  - 案例评析

第一节 美术课程评价类型的选择

美术课程评价的类型可以根据不同的维度进行分类。首先,根据评价对象的不同,美术课程评价可分为学生评价、教师评价、学校评价。其次,根据评价主体的不同,美术课程评价可分为自我评价、外部评价。再次,根据评价目的的不同,美术课程评价可分为诊断性评价、形成性评价、终结性评价。从次,根据评价的参照标准或评价反馈策略的不同,美术课程评价可分为绝对评价、相对评价、个体内差异评价。最后,根据评价手段的不同,美术课程评价可分为量性评价、质性评价。在实际应用中,这些分类方式并不是孤立的,而是可以相互结合、相互补充的。

美术课程内容丰富,趣味性强。各大杂志、赛课场上都有精彩的案例与教学设计。这些案例(设计)反映了不同时期基础美术教育教学的状况,对美术课程评价具有很高的借鉴价值和重要的示范或启示作用,对推动基础美术教育教学水平不断提高产生了积极而深远的影响,同时也为各项研究提供了丰富的实证资料。本节对美术课程评价的类型进行典型案例展现,在两个课程案例中采用了诊断性评价、形成性评价、终结性评价三大评价类型。

一、案例呈现

(一)案例一

自画像[①]

湖南省长沙市望月湖第二小学　彭敬

教材分析	自画像是一种以自我为对象的绘画方式,通过观察自己的外貌、神态、动作等特征,用画笔表现出来。在自画像的绘画过程中,学生需要具备一定的观察能力和绘画技巧。
教学目标 (节选)	掌握基本的观察方法和绘画技巧,能够准确地描绘自己的外貌特征;提高自我认知和自我表现能力,更好地了解自己;培养对美术的兴趣和爱好,激发对艺术的热情。
教学环节 (节选)	教学活动
新课导入,激发兴趣	导入:我姓彭,小朋友们可以叫我彭老师。大家对我的第一印象如何?请你们用这张白色的小纸片来为我画张头像,头像指的是人的头部形象。绘画时间为两分钟。 (学生尝试为教师画像。教师展示所收集的学生作品) 作业分析。让学生初步了解作画的基本要求,然后通过点评学生作品,尝试解决以下问题: (1)针对第一幅学生作品进行交流,解决色彩问题。 师:在浅色的纸上应该用深色的笔去画,在深色的纸上用浅色的笔去画。 (2)针对第二幅学生作品进行交流,解决构图问题。 教师对比展示一张构图较小和一张构图适中的学生作品,学生辨析选择。 师:构图要尽量饱满、充实一些。 (3)针对第二幅学生作品,解决绘画表达是否完整的问题。 师:在画人物头像时一定不能少了脖子、耳朵等部位。 (4)教师在黑板上演示,解决绘画概念化的问题。 师:我发现有的小朋友将我的脸画得像皮球一样滚圆,将我的眼睛画成了乒乓球或小豆子,将我的鼻子画成了一个小弯钩,将我的嘴画成了一条直线,那我长得是不是这个样子? 生:不是! 师:人的脸型除了圆形以外还有很多种。(教师指着自己的五官进行结构分析) 师:来看看我们的眼睛,说到眼睛我想到了一个谜语:"上面毛,下面毛,中间一粒黑葡萄。"大家再跟着我一起来摸摸自己的鼻子……

[①] 崔卫.小学美术教学案例(设计)精选:点评版[M].南京:南京师范大学出版社,2018:4-6.

创设情景(引导学生关注人物头像的主要特征)	师:现在我们来玩一个智力游戏,考考大家是否能抓住人物的特征。 师:玲玲今年三岁了,是一个活泼可爱的小姑娘。小朋友们可要睁大眼睛注意观察并记住玲玲的长相,她是什么样的发型、脸型、眉毛、眼睛、鼻子、嘴巴。今天,玲玲跟着妈妈来到一家大型超市里买东西(图12-1-1),超市里的东西可多了,看得她眼睛都花了,走着走着……发生什么事? 玲玲的妈妈怎么哭了? 原来是她的玲玲不见了。保安叔叔马上走过来关心地问:"玲玲长什么样子的?"可妈妈却急得一句话也说不出来。小朋友们,谁能帮妈妈说一说玲玲究竟长什么样? 生:圆圆的脸、弯弯的眉毛、小小的眼睛单眼皮、大鼻子、小嘴巴,扎着两个小辫。 师:为了能很快地找到玲玲,保安叔叔还提供了四张画像请小朋友们进行辨认。 (出示第一张画像)人物特征:鼻子小,嘴巴大,还露出了牙齿。 (出示第二张画像)人物特征:短发、朝天鼻,嘴角有颗痣。 (出示第三张画像)人物特征:瓜子脸、八字眉,鼻子较长。 (出示第四张玲玲的画像)师:在小朋友们的帮助下,保安叔叔终于找到了玲玲,玲玲高兴地扑在了妈妈的怀里,瞧! 她多幸福。可见小朋友们能抓住人物的特征,进行准确的描述,才使保安叔叔很快就找到玲玲。(图12-1-2) 图12-1-1 玲玲跟着妈妈到超市里买东西　　图12-1-2 四张画像

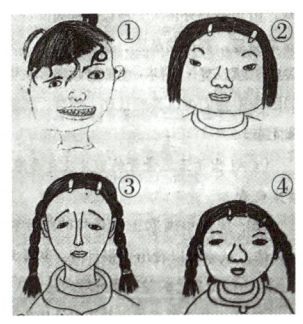

(二)案例二

科学创造新生活

重庆市沙坪坝区青木关小学　杨阳

教材分析	本课根据《义务教育艺术课程标准(2022年版)》,结合人美版教材学习实践活动模块划分于"综合·探索"学习实践领域,以"智慧型单元化学本教学"的理念,按照《义务教育艺术课程标准(2022年版)》中"综合·探索"实践活动领域,把1—6年级人美版教材中的"综合·探索"学习领域整合为大单元主题——"走进科学 放飞梦想",该单元由五个小单元组成,分别是"艺术与生活""艺术与习俗""艺术与媒材""艺术与生态""艺术与科学",本课是"艺术与科学"小单元中的第三课——《科学创造新生活》。

教学目标 （节选）	(1)通过展示、交流、分享(展学)和小组探究学习方式来感受科学力量表达科学创想，提高对艺术与科技美的感受。 (2)通过故事、科技案例、视频等内容，开展导学、自学、互学、展学、研学等活动达到以美育人的目的。引导学生积极参加艺术活动，使之感受美、欣赏美、表达美、创造美，丰富审美体验，了解文化多样性，开阔艺术视野。
教学环节 （节选）	教学活动
问题导学、探究新知	(1)识读图片，感悟科学给现代生活带来的便利和快捷。 (2)互学探究，探讨长信宫灯的形式美感和科学设计原理。 【互学】 组长组织小组成员进行小组讨论，根据"导学单1"互学探索并完成学习问题。学生探究长信宫灯形体美感，以及宫灯分铸铸造、生态环保设计理念的科学原理。 (3)播放视频(文化渗透)，强化中华文化自信，坚持以美育人，认知国家宝藏长信宫灯——中华第一灯。 (4)从古代延展到现代，感受科学与艺术的魅力，聚焦审美感知，讲好中国故事，吸收、借鉴人类文明优秀文化成果，追求精神高度、文化内涵、艺术价值相统一。 【学习任务1：表达自己的想法】 本学习任务主要引导学生探索用传统与现代的工具、材料和媒介，创作平面、立体或动态等表现形式的美术作品，表现自己的所见所闻、所感所想，学会以视觉形象的方式与他人交流。 【学习任务2：装点我们的生活】 本学习任务主要引导学生了解"实用与美观相结合"的设计原则，为班级、学校的活动设计物品，体会设计能改善和美化我们的生活。 【学习任务3：融入跨学科学习】 本学习任务主要组织学生以个人或小组合作的方式，将美术与自然、社会及科技相融合，探究各种问题，提高综合探索与学习迁移的能力。
科学创新，探索项目方案设计	(1)主题创想。 导学导思：衣食住行方面，拟定创想主题。小组讨论，统一思路，确定创想主题并填写在项目方案设计单(板书：科学创想 创想主题)。 (2)交流讨论，思维碰撞，通过学生的主题设想，引发学生头脑风暴，大胆创新(图12-1-3、图12-1-4)。 (3)厘清科学、艺术、生活的关系(顺向关系图)，师生共同小结认知科学、艺术、生活之间的联系。 (4)赏析视频(杨振宁、李政道的故事)，探索项目式方案设计步骤。 (5)学生互学探索：组长组织，根据"导学单2"，小组探究，得出答案。 (6)学生交流：(师导)学习、认知项目方案完成的步骤。

科学创新，探索项目方案设计	(7)学生实践:完成项目设计方案,过程中着重导向方案中的草图设计的完成与展学表达。 (8)小结:(逆向关系图)捋顺生活、科学、艺术的反向关系,巩固认知,激发学生后续将项目设计方案变为现实。 图12-1-3　上课情景1　　　图12-1-4　上课情景2 根据课程目标第二学段(3—5年级)"实用与美观"相结合的设计原则,通过本环节的设计,让学生开动脑筋,体会创想设计能创造新的生活,能构想不同的工具材料,能将美术与科学相结合,提高综合探究与学习迁移能力。学生的充分展示、教师的及时评价,让学生敢于说出自己的见解和猜想,团结合作,讨论交流,形成共识。本任务主要引导学生探索创作思维、表现形式的相关作品,表现自己所见、所想、所感,学会以视觉形象的方式与他人交流。

二、案例评析

(一)案例一评析

案例一中体现了诊断性评价、形成性评价和终结性评价的完美结合,以及对学生绘画学习模式的创新。

评价体系的全面性:该案例的评价体系设计得较为全面,从诊断性评价开始,明确学生的学习起点;通过形成性评价,不断调整教学策略,确保学生能够在学习过程中得到及时的反馈和指导;最后通过终结性评价,全面评估学生的学习成果。这种评价体系有助于教师更好地掌握学生的学习情况,同时也为学生提供了明确的学习方向。

教学设计的创新性:该案例改变了传统的绘画学习模式,通过两次不同内容的作业,让学生在尝试体验中逐步巩固和提高绘画技能。这种设计不仅提高了学生的学习兴趣,也使他们能够在实践中不断加深对绘画的理解和掌握。

师生交互的默契性:教师在评析学生作业的过程中,不仅提供了技术支撑,还通过与学生之间的交互行为,共同获得了学与教的启示。这种默契的交互方式有助于建立良好的师生关系,提高教学效果。

教学活动的趣味性："寻人启事"游戏是该案例的一大亮点，通过这个有趣的活动，学生能够在轻松愉快的氛围中掌握人物绘画的要领，锻炼辨析与思考能力。这种寓教于乐的教学方式深受学生喜爱，也使他们更加愿意参与到绘画学习中来。

综上所述，该案例通过全面细致的评价体系、创新的教学设计、默契的师生交互以及有趣的教学活动，为儿童绘画找到了一种有效的教学方式。这种教学方式不仅有助于提高学生的绘画技能，还能够培养他们的观察力和思考力，为他们未来的学习和生活打下坚实的基础。

(二)案例二评析

科学的力量无处不在，科学给不同的时代创造了不同的生活。结合新课程标准第二学段（3—5年级），学习任务2中明确要求"实用与美观相结合"的设计原则，学习任务3"融入跨学科学习"明确要求将美术与科技相融合，让学生在真实的情境中深度探究各种问题，提高综合探索与学习迁移能力。

在本课中，教师筛选优质教学资源并融入课程内容，努力让课堂教学效果达到最佳。本课还有可进一步优化提升的地方。如合理设计课程内容，使课程进一步适合学生发展；聚焦核心素养，体现艺术特点和学科融合。为优化评价机制，教师理当用心钻研教材，开发和运用好课程资源，从而进一步在课堂中实现教育教学的最优化。教师抓住学生的学习态度、学习过程表现、学业成就等多方面，并使其贯穿课堂学习的全过程和教学活动的全环节。师生在评价中坚持素养导向，以评促学，重视表现性评价和多主体评价。通过对课堂教学活动的观察、提问、交流，以及表达创想作业的呈现等方式，了解学生在艺术欣赏感知、创意表现和创作实践等过程中的学习进程、行为等，时时把握学生的学习态度以及活动参与情况、学习状况，并给予及时指导。做到评价的即时性、生成性、针对性，以鼓励学生参与学习活动，激发学生的学习积极性，改进学生的学习。

学习小结

通过本节的学习，初步了解美术课程评价案例归类的重要性，以及存在的意义。同时，了解评价案例的作用，掌握相关知识内容并能运用于中小学美术课程评价的设计之中。

练习实践

1.通过已掌握的知识，对你所了解的美术课程评价案例进行归类，并分析现今的美术课程评价案例现状。

2.收集中小学美术课程评价案例，并对案例进行归类，试着找出不同类型案例存在的问题并提出解决的办法。

第二节 美术课程评价目标的确定

美术课程评价的目标是多维度的：一是美术课程目标的达成情况，二是促进美术课程质量的提升，三是提供学生学习情况的反馈，四是激励学生的学习动力，五是为教育决策提供依据，六是推动教育改革的深入发展，七是增强美术课程的社会适应性。对美术课程评价目标进行确定，旨在通过全面、系统的评价促进美术课程质量的提升和教育的可持续发展。

美术课程评价活动与人的情感、动机和体验发生着交互作用，这些都需要通过目标来把握，而美术课程评价目标的确定是指导其他各项原则的基础，也是美术课程评价的中心。因此，本节对美术课程评价的目标确定进行典型案例展现。

一、案例呈现

（一）案例一

撕纸添画

重庆市树人凤天小学　蔡洁

教材分析	本课综合了撕纸、联想、粘贴、添画等学习内容。撕纸添画，既有手工学习内容，又包含绘画训练，是巧妙而有效的学科内综合课型。教材以一张纸片为切入点引导学生展开联想，强调从不同的角度观察添画，使之成为各种有趣的形象，富有情趣和娱乐性，这是思维方法的提示。同时，教材列举了两种不同的添画方法："外部添画法"与"内部添画法"，这对学生的创作添加给予了有效的提示。这样的呈现方式既为学生提供了创作的思维途径和课程分节点目标，也体现了学习与心智发展的相容性。
教学目标	1.能仔细观察撕出的彩纸形状，发现并表现出其与生活中的人或物形象之间的联系。 2.能大胆随意地根据碎纸片展开联想并添画成新的形象。 3.在愉快的游戏和制作活动中享受创作的乐趣，并深化环保意识，养成良好的卫生习惯。

问题导入,打破沉闷	1.孩子们,撕纸游戏好玩吗?看一看,你撕下的小纸片像什么? 板书:想得妙 2.老师拿出一张碎纸片。"咻!"小纸片来到了大屏幕。仔细观察,说说这张小纸片的形状像什么?课件展示学生联想到的多种事物及由一块纸片添画的形象(如动物、人物、植物、用品、风景……)。 3.再次撕纸,还能撕出更多形状的纸片吗?这一次我们慢一些撕大块的纸片,看能否撕出自己喜欢的形状。第一次速度快已经将纸撕成碎纸片的孩子,可以换一张纸撕。撕完以后再和小伙伴们轻声聊一聊你的纸片像什么?分享交流。
引出添画	1.看蔡蔡老师这张小纸片,老师也觉得好像一只动物,怎么样让它看起来更像呢? 板书:添画 2.教师邀请学生上台,并和学生一起尝试添画。 板书:添得巧 同一张纸片可以通过想象变得如此多样!(微课展示添画过程)
展示分享	组织学生展示交流:我把纸片添画成了( ),它在( )。 引导学生分享作品。
板书设计	板书设计见图12-2-1。 图12-2-1 板书设计

(二)案例二

新的实验[①]

教材分析	本课讲的是20世纪西方现代艺术诸流派,然而现代艺术流派众多,且纷繁复杂,随着时间的流逝,能够经得起时间考验的"真金",也许并不多,可以说本课的学习难度比较大。
教学目标（节选）	探索适合培养学生创造性的教学模式,符合"培养拔尖创新型人才"目标要求,采用研究性学习方式,把学生分成四组,每一组研究一个现代艺术流派,将研究成果做成课件,向大家展示,把课堂交给学生,给学生充分的展示机会,学生变身为"小老师"。
教学环节（节选）	教学活动
艺术家背景	班上有个小姑娘叫赵慧,平时非常害羞,很少在集体面前发言,即使发言声音也非常的小,而且都是红着脸说话的,往往她回答问题的时候老师要到她的跟前,重复她的发言,才能让其他同学听见。本节课上赵慧所在的小组研究的是抽象表现主义,在她们小组为大家讲述完了以后,她却红着脸举手小声地说:"我自己做了一个现代艺术家的研究。"我能感受到她是鼓起了很大的勇气才做出的决定,我赶紧说大家鼓掌欢迎赵慧同学讲述一位现代艺术家。
艺术家介绍	赵慧不紧不慢地走上讲台,声音有点发颤地说:"我要介绍的画家是我的爸爸,现代艺术家赵勤。"虽然在学生中知道这位著名南京艺术家的人不多,但是,大家还是纷纷投来崇拜和美慕的目光,赵慧逐渐在同学们崇拜和美慕的眼神中找到自信,她介绍了她的爸爸,采用了视频采访的方式,录像中她爸爸亲自讲述了他对现代艺术的理解,还介绍了他自己的艺术作品。赵慧一边讲她爸爸的一些趣事,一边将作为一名中学生对现代艺术的一些疑问提出来,她的爸爸一一作了解答。赵慧虽然红着脸儿在讲,但我能够感受到她在讲述中的骄傲和自豪,她的声音越来越大,也不再发抖,学生们被深深地吸引,教室里安静极了。作为教师的我,被她的讲述和展示所吸引,情不自禁地为她鼓了几次掌,受到鼓舞的赵慧还把她自己在她爸爸指导下创作的作品展示给大家看,并很高兴地说了她爸爸对她的画的评价,她讲述完后充满信心地走下了讲台,同学们报以了真诚而热烈的掌声。

二、案例评析

评价目标的确定不仅确保了评价的客观性和公正性,也为学生提供了一个清晰的学习方向和评价标准。

[①]傅幼康,阚晓燕.评价研究,美术教育的精彩展示——中小学美术课程发展性评价实践研究案例[M].南京:江苏凤凰美术出版社,2014:119-120.

首先，标准评价的稳定性能确保美术教学评价的一致性和连贯性，使学生能够在整个学习过程中得到持续、有效的指导。这种稳定性也有助于教师根据学生的学习进度和表现，及时调整教学策略，以满足学生的不同需求。

其次，标准评价的清晰准则使得评价更加具有针对性和可操作性。在"知识与技能""过程与方法""情感、态度和价值观"三个维度上设定清晰的目标，有助于教师全面、准确地评价学生的美术学习成果，同时也为学生提供明确的学习方向。

再次，标准评价的明确参照使得评价更加具有权威性和公信力。根据美术课程标准对不同学段目标和区域制订的美术教学评价标准，能够确保评价的科学性和合理性，同时也为学校和教师提供权威的评价依据。

最后，标准评价的可控选择性使得评价更加具有灵活性和适应性。以基础为出发点，教师可以根据学生的实际情况和学习需求，选择适合的评价方式和标准，以满足学生的个性化发展需求。基于标准的评价对于中小学美术课程发展性评价具有非常重要的意义。美术教师应该深入理解这些特征，并将其应用于实际教学中，以提高学生的美术学习水平，培养学生的审美能力和创造力。同时，教师也应该不断探索和创新评价方式和方法，以适应不同学生的学习需求和发展特点。

学习小结

通过本节的学习，研读呈现的美术课程评价案例，掌握美术课程评价目标的确定，在案例中发现评价目标的确定对美术课程有着怎样的影响。

练习实践

1. 尝试分析1—2个美术课程评价案例，并分享案例里的评价目标。
2. 写一篇以小学美术课程评价目标的确定为主题的文章。

第三节 美术课程评价方法的应用

美术课程评价方法多种多样,有目标评价法、目的游离评价法、问卷法、行为观察法、成果分析法等。不同的评价方法和类型可以相互补充,以提高美术课程评价的全面性和准确性。

美术课程评价方法是影响课程评价的发展变化最为敏感的因素之一,在一定程度上,方法的革命性变革会直接导致美术课程评价质的变化和跳跃性的发展。应用是最直接地体现课程评价方法的途径,本节对美术课程评价方法的应用进行典型案例展现。

一、案例呈现

(一)案例一

启航——船的奥秘

重庆融汇沙坪坝小学 李美霖

教材分析	本课为"综合·探索"艺术实践,目的是让学生将所掌握的美术知识、技能和思维方式,与自然、社会、科技、人文相结合,进行综合探索与学习迁移,提升核心素养。因而本课将采用体验化教学、具身化教学、信息化教学等教学方法,引导学生以小组合作的方式,通过观察、发现、尝试等学习活动,探究美术与科学相互赋能的问题。使学生初步了解有关浮力的科学知识,发现生活中可在水中漂浮的物体,学会巧妙地利用生活中可以漂浮的废弃物设计一艘船;建立美术与科学知识之间的联系,培养学生创意性地解决问题和综合探索问题的能力,体会探究活动带来的愉悦,关注生活、热爱生活。(图12-3-1)

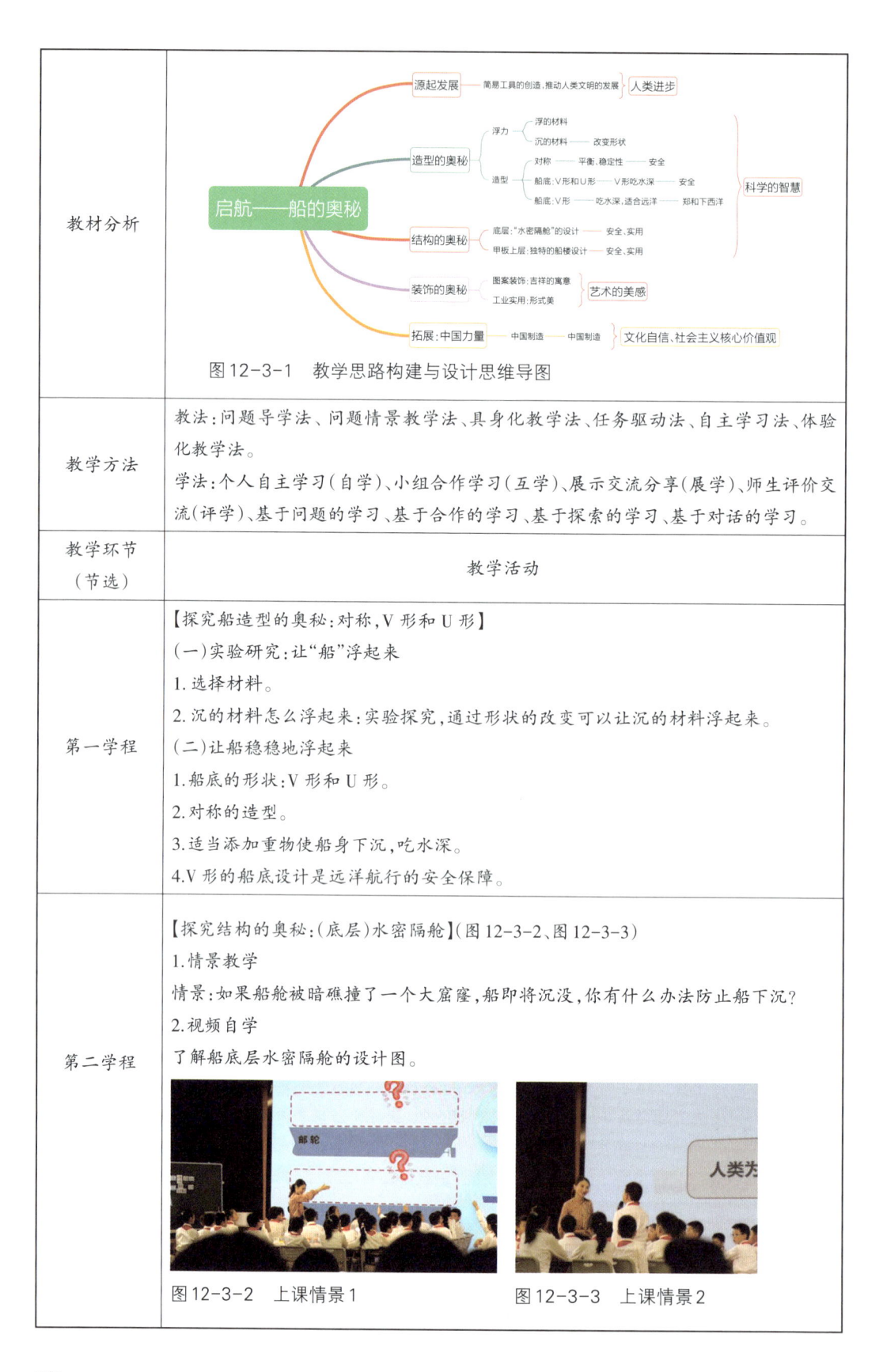

教材分析	图 12-3-1　教学思路构建与设计思维导图
教学方法	教法:问题导学法、问题情景教学法、具身化教学法、任务驱动法、自主学习法、体验化教学法。 学法:个人自主学习(自学)、小组合作学习(互学)、展示交流分享(展学)、师生评价交流(评学)、基于问题的学习、基于合作的学习、基于探索的学习、基于对话的学习。
教学环节 (节选)	教学活动
第一学程	【探究船造型的奥秘:对称,V 形和 U 形】 (一)实验研究:让"船"浮起来 1.选择材料。 2.沉的材料怎么浮起来:实验探究,通过形状的改变可以让沉的材料浮起来。 (二)让船稳稳地浮起来 1.船底的形状:V 形和 U 形。 2.对称的造型。 3.适当添加重物使船身下沉,吃水深。 4.V 形的船底设计是远洋航行的安全保障。
第二学程	【探究结构的奥秘:(底层)水密隔舱】(图 12-3-2、图 12-3-3) 1.情景教学 情景:如果船舱被暗礁撞了一个大窟窿,船即将沉没,你有什么办法防止船下沉? 2.视频自学 了解船底层水密隔舱的设计图。 图 12-3-2　上课情景 1　　　图 12-3-3　上课情景 2

(二)案例二

看画展[①]

重庆市北碚区西南大学附属小学　于宏

教材分析	本课包含制作礼物、纪念卡,拍摄纪念照,布置美术作品展等教学内容,旨在通过这一系列美术实践活动,让学生学会综合运用小学阶段的美术知识和技能。本课是根据"布置美术作品展"这一内容设置的,属于"欣赏·评述"学习领域。本课让学生在体验"看画展"的过程中,了解画展的组成要素,获得充分的审美享受;在观展者与导览员角色的转换中,学习以美术语言为核心的赏析美术作品的方法,并以欣赏、评述活动为出发点,为挑选作品、举办画展等综合实践活动做好铺垫。
教学目标（节选）	能从色彩、造型、构图等角度,认识其对作品主题表达所产生的作用,基本了解绘画作品的赏析方法,初步感知美术与文化的联系。 能在观展者与导览员的角色转换过程中,全面参与、积极思考,以儿童绘画作品赏析为线索,运用所学的绘画欣赏的基本方法。 能感受师生之间深度交流的乐趣,并获得审美的享受。
教学环节（节选）	教学活动
归纳、总结赏析方法	教师:从这几个展厅中,我们了解了好几种构图方式,这些是众构图方式中最常用的。你们是否从中感受到看画展主要看什么? 学生齐答:看构图、色彩、造型。 教师补充:还要看不同的构图、色彩、造型是如何突出主题的,它们是共同为主题服务。教师请学生参照板书进行记录,明确造型、色彩、构图是最基本的美术语言,引导学生学会用关键词。
实践运用	教师出示观展提示,请学生再次参观展厅,运用刚才所学的知识,重新欣赏绘画作品。再次观看画展后,由学生担任导览员,进行作品介绍,并提出问题。学生之间相互交流评价并解决问题。 (1)学生导览,运用知识,提升能力 a.评析《作业脸》 学生甲:我想为大家介绍《作业脸》。它的色彩比较单一,是用黑色表现的;它的线条比较粗犷,情绪比较消极;它的脸上有很多算式、班级、姓名、作业、试题等。 教师提示:你所说的"表情"及"算式"等,这些都是属于哪一种美术语言? 学生思考后回答:造型。 该生接着从构图上进行分析:它是大主体的构图,想表现自己对作业的一种消极、抵触的情绪。

[①] 崔卫.小学美术教学案例(设计)精选:点评版[M].南京:南京师范大学出版社,2018:241-247.

实践运用	教师:当我们遇到不如意的事情时,可以用绘画的方式去宣泄情绪。你们觉得这张脸美吗?虽然它看起来不"美",但是很多孩子却很喜欢它,为什么呢? 学生甲:因为它画的内容能深入我们的内心,能体现我们心里的想法。 教师总结:所以美不完全等同于好看、漂亮,它既是视觉的愉悦,更是心灵的共鸣。 教师引导学生用手势对导览员进行评价。 b.评析《生命线》 学生乙:我非常喜欢这幅画。它的色彩非常暗淡,显得非常荒凉,而中间的红色传达了爱的感觉。 教师提示:这是运用了色彩的对比方法。 学生继续分析:接下来看造型。作者用纸裁剪出坍塌的房屋,表现出这是一个灾区,中间是医护人员正在救治伤员。它的构图是基本形的构图方式,因为画面组合成了一个心形。它的主题是表现医护人员对伤员的呵护与关爱。 教师补充:作者运用色彩、造型、构图等语言告诉我们,虽然灾难无情,但是爱无处不在。 教师请学生用手势对导览员进行评价,并肯定他的讲解条理清晰,层次分明。 c.评析《小闹钟》 学生丙:这件作品是基本形和满构图的结合。它的造型特别粗犷和狂野,表现出作者愤怒的心情,他特别烦这个闹钟,所以画了这幅画来宣泄自己的情绪。 教师提示:你们觉得这个闹钟画得像不像? 有些学生说像,有些学生说不像。 教师继续引导:觉得不像的,是因为你们觉得它不像自己平时看到的闹钟;觉得像的,是因为它表现出了你们心里所想的闹钟。如果作者所画的能和我们的生活感受不谋而合,就是令人愉悦的。 d.评析《闽越遗风》 教师提问:刚才我们在看《闽越遗风》这件作品时,遇到了一个问题,谁来说一说? 学生丁:画面中为什么有那么多的蛇? 其他学生思考后表达了自己的见解:这可能是当地的习俗。人们对蛇非常尊敬,他们在过节的时候会把蛇请出来。 教师对作品的背景进一步分析后,提出:我们在看这件作品时,除了看色彩、构图、造型外,还要了解些什么才能把作品看得更加明白? 学生齐答:习俗。 (2)因势利导,引入文化,拓展认知 师:绘画作品包含着各种各样的画种与风格,呈现着不同地域的民风与习俗,更深深烙印着创作者的生活经历,这些都丰富了多彩的人类文化。(板书:文化)所以,看画展,还应该看什么? 学生齐答:看文化。 教师继续总结:如果我们对文化有更广泛和深入的了解,就能帮助我们开阔视野,在真正看美术作品的过程中,获得更多美的享受。

二、案例评析

(一)案例评析

1.以情景创设激发兴趣

创设情景在小学低年级的学习中,能很好地激发学生的学习兴趣。在本课教学导入环节,教师通过多媒体技术为学生创设了探索问题的情景,使学生自然而然地产生探索船的奥秘的想法,进而发现科学的美。通过情景探究,了解水密隔舱结构设计的安全性、实用性以及美观性,初步感知设计的要素,感受古代造船师们的智慧与才干,领会艺术对文化发展的贡献和价值。同时,了解船楼的设计,为了满足人们不同的生活需求,船楼的外形设计也各不相同。由此,进一步感受"以人为本"的设计理念。

2.以小组实验突破难点

在实验探究过程中,感受不同材料的沉浮现象,了解船能够浮在水面上的原理(浮力)。引导学生仔细观察船底的形状,了解船底的 U 形、V 形对称设计是为了达到受力匀称、平稳;适当增加重物,让船身下沉吃水深,船就浮得更稳,了解重心的平稳原理,感受船的造型设计是以安全为基础,具有严谨的科学性。

(二)案例二评析

该课的教学方式具有极高创新性和实效性。教师通过创设观展情景,将学生带入三个突出色彩、造型、构图基本要素的展厅,通过直观感受和对比分析,使学生深刻理解美术语言与绘画主题之间的关系。这种教学方法不仅让学生掌握了美术语言的重要性,还通过实践活动,如学生做导览员,让学生将所学知识转化为能力,并在解决问题的过程中探索艺术作品背后的文化知识。

这种教学方式充分体现了"以生为本"的教学理念,关注学生在美术本体语言上的学习,同时也重视欣赏情景的创设和角色的转换。通过现场实地布展欣赏,学生得以直接观看原作,提高了视觉清晰度和真实性,更容易引发心理和情感上的共鸣。这种教学方式不仅提高了学生的美术欣赏能力,还培养了学生的观察能力和表达能力,为他们的全面发展打下了坚实的基础。

从美术课程评价方法来看,教师紧紧抓住了色彩、造型和构图等主要美术语言,引导学生欣赏美术作品,这是教学的重点。通过对话和场景的创设,教师成功地激发了学生从色彩、造型和构图的感知,升华到作品审美体验和情感的认同,这种教学方法具有前瞻性和创新性。

从学习方式来看,教师改变了原有的书本、课件等平面的、虚拟的作品欣赏方式,为学生提供了现场实地布展欣赏的机会。这种学习方式更加生动、直观,能够让学生更好地理解和感受美术作品。同时,通过教师引导观展者和学生尝试当导览员两段式的教学,学生的学习主体地位得到了充分的体现,也凸显了"欣赏"和"评述"同等重要的教学理念。

总的来说,这种教学方式和评价方法非常成功,不仅提高了学生的美术欣赏能力,还培养了他们的观察能力和表达能力,为学生的全面发展提供了有力的支持。

学习小结

通过本节的学习,研读小学美术课程评价案例,掌握美术课程评价案例具体实施的细节,在案例中反向观测学生的自评、互评标准,发现学生对知识的内化程度与课程的合理度。

练习实践

1. 尝试分析1—2个小学美术课程评价案例,并分享案例里面没有提及的影响因素。
2. 编写一份以小学美术课程评价为主题的教案。

第四节 美术课程评价的实施

标准是实施评价的基准。美术课程与美术教学是联系紧密的研究领域,美术课程强调教师教和学生学的知识和技能以及审美经验的范围,而美术教学强调教师教的行为和学生学的行为。美术课程评价就是要针对教师的教和学生的学进行评价,评价具有相对标准。美术课程标准是以面向全体学生、激发学习兴趣、关注文化与生活、注重创新精神为基本理念,依据课程总目标和学习领域目标或选修模块目标编排课程内容,实施教学。并在具体的教学内容中设计了教学活动、艺术实践、评价要求等学习活动建议和评价要点,这为教师的美术教学提供了指导和评价的依据。换句话说,美术课程标准是教学评价的基准,美术教材是基准呈现的载体,而课堂教学是基准实施的过程。全面理解美术课程的性质、理念和目标,是正确把握美术课程评价标准的基准。本节对美术课程评价的实施进行典型案例展现。

一、案例呈现

感受印象派绘画[1]

上海市罗山中学　郭兴鸣

教材分析	本课教学内容选自上海市浦东新区中学美术拓展课本《意象书画》(郭兴鸣编著)第五单元第一课,适用于八年级学生。从绘画的发展史来看,印象主义绘画处于传统绘画与现代绘画的分水岭,是现代派绘画的前奏。关于印象派绘画的显性知识一般可以从四个方面来理解:否定物体固有色;忽视"形",重视"色";利用补色的关系作画;利用"视合成"作画。在实际的教学中,这些问题是很难讲清的,即使讲清楚了,也难脱离"书本知识的传授",更背离了现代教学强调的"把教育的文化传承功能能提升到教育的文化创新功能上来"。本课把感受印象派绘画的学习置于一个全程性"恋人购画"生活事件的教学情境之中,尝试把印象派绘画的主要知识点内化为"缤纷绚丽的色彩""个性律动的笔触""音乐诗意般的境界"三个基本教学环节来完成,让学生自主学习印象派绘画的基本知识,并通过学生想象性的表演、联想、描述和师生对话等教学过程催生学生精彩的艺术观念。

---

[1] 崔卫.小学美术教学案例(设计)精选:点评版[M].南京:南京师范大学出版社,2018:255-258.

教学目标 （节选）	了解印象派绘画的光源色、环境色形成的基本原理。创意描述印象派绘画的用笔与意境。 运用欣赏、分析、联想、对话等教学方法完成感受印象派绘画"缤纷绚丽的色彩""个性律动的笔触""音乐诗意般的境界"三个基本教学环节。
教学环节 （节选）	教学活动
缤纷绚丽的色彩	教师以法国印象派画家西涅克的绘画作品《静物·书》（图12-4-1）为样本摆设同样一组静物，并拍摄一张彩色照片，然后在这张照片上再分成六个步骤临摹还原西涅克绘画作品《静物·书》的样式。 图12-4-1　西涅克《静物·书》 教师演示第一步：在照片各静物上画出明亮的高光。 教师：这些高光点的颜色是从哪里来的？ 学生：是光线的照射吧？ 教师：能看出它们是什么颜色吗？ 学生：淡蓝色。 教师：你能看出是什么光线照射的吗？ 学生：日光灯。 因刚学过固有色、光源色知识，很多学生都急切地回答问题。 教师演示第二步：在玻璃酒杯上画出橘黄色的环境色。 教师：同学们，这个透明的玻璃杯上怎么会有几条鲜艳的橘黄色呢？ 学生：老师，我知道，它是上面花卉颜色的投射吧？ 教师：说得很有道理，你再把视野扩大一些，看看它还会受到什么物体的颜色影响？ 学生：我看出来了，它应该还受到橘子和橙子颜色的影响。 教师演示第三步：在红色苹果暗部画出暗绿色的环境色。 教师：这块暗绿色又是怎样形成的呢？ 学生：这是橘子和橙子颜色的反射。 教师：橘子是黄色的，橙子也是黄色的，当它们的颜色反射到红色苹果的暗部时，为什么变成暗绿色了呢？ 学生：老师，我认为它可能还受到下面蓝色书本的影响，蓝色和黄色加起来，不就成为绿色了吗？不过，这好像与我们学过的红色的补色是绿色也有一定的关系吧。 教师：好，这位同学的发言有思考、有创意，真是精彩绝妙！请给予掌声鼓励。

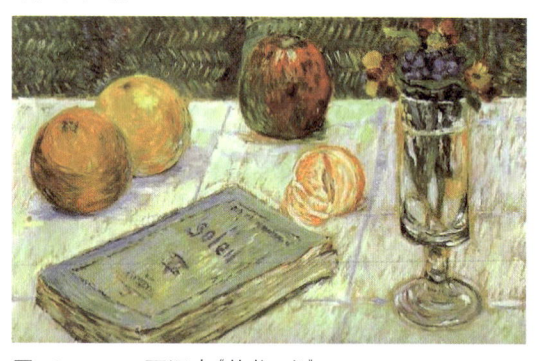

缤纷绚丽的色彩	教师演示第四步：在橘子、橙子的明暗交界线处画出橘红色的环境色。 教师：这两个橘子、橙子的明暗交界线又为什么会形成这么红的颜色呢？ 学生：是受苹果和花卉颜色的影响。 教师演示第五步：在橘子、橙子暗部反光处画出浅绿色的环境色。 教师：这块浅绿色是怎样产生的？ 学生：是受书本上蓝颜色的影响。 教师反问：既然你们说是受书本的蓝色影响，那它们怎么又会变成浅绿色呢？ 学生：书本的蓝色和橘子、橙子的黄色混在一起，就会有浅绿色的感觉。 教师演示第六步：在书本封面上画出淡黄色。 教师：书本的封面上有这么多的淡黄色，我想同学们一定能看出是怎样形成的吧。 由于学生掌握了环境色相互影响的规律，这时学生几乎都举起手抢答。 学生：橙子、花卉颜色的影响。 教师：印象派绘画之所以能够绚丽多彩，就是因为它几乎消灭掉了物体的固有色，使本来在生活中处于十分微弱地位的环境色显现出来。
个性律动的笔触	风格是绘画的生命，笔触是绘画生命的细胞。印象派绘画大师们用自己个性的用笔方式描绘我们美丽的生活，同时也展示了他们的激情与创造。为了让学生感受分析印象派绘画作品中笔触的形态差异，教师选出最具代表性的12幅作品，让学生用符号化的线条画出自己所选作品中的笔触旋律，然后到讲台上进行交流。如学生对雷诺阿《塞纳河畔》（图12-4-2）中的笔触做概括描绘后，师生对话如下。 图12-4-2　雷诺阿《塞纳河畔》 学生：这幅画的笔法我也说不好，甚至看不懂，但总感觉它们画得乱乱的。 教师：嗯，是有一点儿"乱"。不过你换一种角度再仔细观察一下，说说对这个"乱笔触"有没有其他特殊的感觉呢？ 学生：嗯……有点像风吹出来的样子。 教师：说得好。现在，你再观察和思考一下，雷诺阿用你说的"有点像风吹出来的样子"的笔触画的《塞纳河畔》会给欣赏者带来一种什么样的感受呢？西方有个评论家曾经说过：雷诺阿就是想用画笔的细毫轻轻地扫出物体的美丽和温柔。这位同学发现的"风吹"和这位评论家描述的"轻扫"是多么神似意连呀！

二、案例评析

课程的教学环节设计很有特色,但具体的教学节点有一些"拘谨"。如在"光源色"和"环境色"两个小环节的设计中,过于精确和目的性的步骤可能会限制学生的想象力和创造力。不过,这种设计对经典知识的理解和掌握仍有其价值。而在"个性律动的笔触"教学环节中,探究式学习的性质为学生提供了更大的自主空间,有助于学生在完全自我的感受与想象中解读印象派绘画的用笔方式,从而进行生动、个性的理解与知识建构。这种学习方式更能体现美术学科的特性,即强调个人的审美表现和想象创造。

对于美术课堂评价的实施,学科特点非常关键。美术学习确实没有标准答案和固定模式,更多的是个人的审美表现和想象创造。因此,美术课堂评价应该更加注重学生的创造性思维和审美能力的培养,而非仅仅关注知识的掌握和技能的训练。

在美术教学评价中,虽然量化表格是一种常见的评价方式,但也需要结合质性的评价方法,如观察、访谈、作品分析等,以更全面地了解学生的学习情况和表现。同时,评价的标准也应该更加多元化和个性化,以反映学生的不同特点和需求。

教师在评价中应该扮演引导者和支持者的角色,通过倾听、理解和引导学生的"亮点",帮助学生升华其艺术观念,促进其全面发展。

学习小结

通过本节的学习,研读中学美术课程评价案例,掌握美术课程评价案例具体实施的细节,在案例中反向观测学生的自评、互评标准,发现学生对知识的内化程度与课程的合理度。

练习实践

1. 尝试分析1—2个中学美术课程评价案例,并分享案例里面没有提及的影响因素。
2. 编写一份以中学美术课程评价为主题的教案。

参考文献

[1]王大根.中小学美术教学论[M].南京:南京师范大学出版社,2013.

[2]中华人民共和国教育部.义务教育美术课程标准(2011年版)[M],北京:北京师范大学出版社,2012.

[3]中华人民共和国教育部.义务教育艺术课程标准(2022年版)[M],北京:北京师范大学出版社,2022.

[4]修海林,李力加.小学艺术课程与教学[M].北京:高等教育出版社,2005.

[5]钱初熹.小学美术课程与教学[M].北京:高等教育出版社,2012.

[6]钱初熹.中学美术课程与教学[M].上海:华东师范大学出版社,2015.

[7]钱初熹.美术教学理论与方法(第二版)[M].北京:高等教育出版社,2013.

[8]顾书明.课程设计与评价[M].南京:南京大学出版社,2023.

[9]王承昊.中学美术课程与教学论[M].长春:东北师范大学出版社,2014.

[10]曹伟业,舒艳红.美术课程与教学论[M].广州:广东高等教育出版社,2014.

[11]向宏年,林洪,陈红霞.中小学美术课程与教学论及案例新编[M].武汉:华中师范大学出版社,2013.

[12]李力加.美术课为什么要这样上——指向核心素养本位的美术单元教学设计与实践[M].南昌:江西美术出版社,2022.

[13]杨钦宇.关于新形态少儿美术的课程形式研究[J].美术教育研究,2018(20).

[14]周声佳.小学一年级主题式综合活动实践案例[J].新课程研究,2021(4).

[15]陶旭泉.中国美术课程改革基础理论[M].重庆:西南师范大学出版社,2021.

[16]陶旭泉.中小学美术有效学习评价[M].北京:北京师范大学出版社,2015.

[17]史晓燕.教师教学评价:主体·标准·模式·方法[M].北京:北京师范大学出版社,2018.

[18]周文叶.中小学表现性评价的理论与技术[M].上海:华东师范大学出版社,2014.

[19]迪伦·威廉.融于教学的形成性评价(原著第2版)[M].王少非,译.南京:江苏凤凰科学技术出版社,2021.

[20]刘本固.教育评价的理论与实践[M].杭州:浙江教育出版社,2000.

[21]李坤崇.教学目标、能力指针与评量[M].台北:高等教育出版社,2006.

[22]陈玉琨.教育评价学[M].北京:人民教育出版社,1999.

[23]常双.中小学美育评价改革嬗变:经验与启示[J].大连教育学院学报,2022,38(3).

[24]殷世东,余萍.中小学美育课程评价的价值、逻辑及路径[J].课程•教材•教法,2021,41(4).

[25]赵燕."预设"与"生成"的实践与探究[J].新课程(中学版),2012(6).

[26]广东省教育研究院.中小学美术课程教材改革与发展研究[M].广州:广东高等教育出版社,2016.

[27]钟维斌.落地生根——美术国家课程校本化实施策略[M].武汉:华中科技大学出版社,2019.

[28]拉尔夫•泰勒.课程与教学的基本原理[M].施良方,译.北京:人民教育出版社,1994.

[29]魏登尖.校本课程建设的理论构建与实践探索[M].重庆:西南师范大学出版社,2018.

[30]罗生全,李本友.小学课程设计与评价[M].重庆:西南师范大学出版社,2016.

[31]张华.课程与教学论[M].上海:上海教育出版社,2001.

[32]崔卫.小学美术教学案例(设计)精选:点评版[M].南京:南京师范大学出版社,2018.

[33]傅幼康,阚晓燕.评价研究,美术教育的精彩展示——中小学美术课程发展性评价实践研究案例[M].南京:江苏凤凰美术出版社,2014.

后记

《中小学美术课程设计与评价》一书，凝练了国内外学者的前沿美术理论，精选出众多经典的课堂教学实例，对美术课程的设计与评价进行了全面且系统的剖析。鉴于美术学科自身的特性，中小学美术课程的设计与评价向来都是美术教育研究中的难点。我们在实践中虽已取得了一定的成果，但仍需持续不断地实践与完善。

我们深知编写完成此书并非终极目标，推动美术课程设计、促使教学改进以及助力学生发展才是我们的夙愿。我们要高度重视学生的个体差异，尊重学生的个性和潜在能力，做到因材施教，激发学生在美术教育中的创造力，使每位学生在原有教学素养的基础上得以发展。

美术课程设计与评价的优化是一个持续推进的过程。伴随教育理念的不断更新和技术的不断进步，我们会持续对教学设计和评价的方法进行调适与优化，从而更好地适应学生的需求和社会的变化。后续我们也将继续关注美术教育的最新动态与研究成果，积极探寻更为科学、客观、有效的设计与评价方法，为美术教育的蓬勃发展贡献一份力量。

历经三年实践探索与精心编撰，《中小学美术课程设计与评价》得以定稿并出版。本书集聚了众多人员的辛勤汗水和实践智慧，编写团队中既有专家发挥引领之效，又有一线教师积极投入。每一位教师竭尽全力、紧密协作，广泛吸纳各方面的力量，取其精华去其糟粕，竭力将最为卓越的内容呈现于读者面前。然而，由于受到人力、物力等方面的制约，即使我们极力追求严谨缜密，书稿依然存在疏漏之处，还望读者能够不吝赐教，多提宝贵意见与建议，以便我们对本书加以完善与修订，在此，编者由衷地表示感激。

在教育飞速发展的时代，美术教学有着自己的使命、理想和追求，中小学美术课程的设计与评价需要我们静心和专业地对待。认准一个目标，长期扎根于美术教学的实践和探究，始终致力于优秀美术教师的培养，最终必将实现美术教学的持续优化发展。在美术教育的探索道路上，我们不畏艰辛、勇于思考、积极开拓，期望用自己的实际行动影响更多同行者一起在教育的沃土中生根、开花、结果。